인공지능의 도덕적 지위

인공지능총서

인공지능 시대입니다. 기계가 인간의 인지를 대신하고, 사물이 인간을 통하지 않고 다른 사물과 직접 커뮤니케이션합니다. 이에 따른 인간 삶과 문명 변화를 정확히 이해·예측·대응하는 것은 이 시대 우리 모두의 과제입니다. 인공지능총서는 인공지능 기술과 환경의 여러 주제를 10가지 키워드로 정리합니다. 관련 개념과 이론, 학계와 산업계의 쟁점, 우리 일상의 변화를 다룹니다. 인간과 기술의 현재, 미래를 세심히 분석합니다.

일러두기

- 인명, 작품명, 저서명, 개념어 등은 한글과 함께 괄호 안에 해당 국가의 원어를 병기했습니다.
- 외래어 표기는 현행 어문규정의 외래어표기법을 따랐습니다.
- 이 책의 서문의 '인공 친밀성' 부분은 필자의 논문인 "친밀성의 물화"(2023)의 일부를 발췌한 것이며, 1~5장의 주요 내용은 필자의 논문인 "자아 없는 자율성: 인공지능의 도덕적 지위에 대한 고찰"(2020)에서, 6~10장의 주요 내용은 필자의 논문인 "인공지능의 도덕적 지위와 현상적 의식"(2024)에서 가져온 것입니다.
- 이 저작은 2024년 철학사상연구소의 지원을 받았음을 밝힙니다.

처음이세요?

전문가세요?

인공지능의 도덕적 지위

정태창

대한민국, 서울, 커뮤니케이션북스, 2024

인공지능의 도덕적 지위

지은이 정태창
펴낸이 박영률

초판 1쇄 펴낸날 2024년 10월 14일

커뮤니케이션북스(주)
출판 등록 2007년 8월 17일 제313-2007-000166호
02880 서울시 성북구 성북로 5-11
전화(02) 7474 001, 팩스(02) 736 5047
commbooks@commbooks.com
www.commbooks.com

ISBN 979-11-7307-061-7 03500

책값은 뒤표지에 표시되어 있습니다.

차례

인간-인공지능 관계성의 미래

오늘날 인공지능의 발달이 점점 더 가속화됨에 따라 고차원적인 수준의 인공지능 및 그것을 탑재한 로봇의 도덕적 지위에 대한 물음이 순수한 이론적 차원을 넘어 현실 속에서 하나의 중요한 문제로 대두되고 있다. 특히 챗GPT를 필두로 하는 대형 언어 모델(Large Language Model, LLM) 기반의 생성형 인공지능의 출현은 머지않은 미래에 인간보다 우월한 '지적 능력'을 갖추고 방대한 지식을 바탕으로 인간과 대등한 수준에서 소통할 수 있는 인공지능이 등장할 가능성을 강하게 시사한다.

한편에서는 그동안 주로 이론적으로만 가능한 것으로 간주되던 범용 인공지능(Artificial General Intelligence, AGI)이 곧 현실화될 것이라는 말이 나온다. 2023년에 마이크로소프트 리서치(MSR)의 한 연구팀은 GPT-4의 수행 능력이 인간의 수준에 놀라울 정도로 근접해 있으며, 이러한 의미에서 그것이 AGI 체계의 초기 버전으로 간주될 수도 있다는 주장을 담은 논문을 발표했다(Bubeck et al., 2023). 그다음 해인 2024년에는 인공지능 칩 분야의 선두 주자인 미국 반도체 기업 엔비디아(NVIDIA)의 젠슨 황 최고경영자가 앞으로 5년 안에 인간과 같은 수준의 AGI가 등장할 것이라는 전망을 제시하기도 했다.

다른 한편에서는 현존하는 인공지능이 이미 의식을 갖고 있거나 머지않은 미래에 의식을 갖게 될 것이라는 주장이 제기된다. 2022년에는 구글 리서치의 연구팀 '책임 있는 인공지능(Responsible AI)'의 수석 소프트웨어 엔지니어인 블레이크 르모인(Blake Lemoine)이 구글의 대화형 대형 언어 모델인 람다(LaMDA)와 수개월 동안 이루어진 대화를 근거로 람다가 의식을 갖고 있다고 주장했다가 해고당하는 일이 벌어졌다. 르모인이 람다에게 "무슨 일을 두려워하는가?"라고 질문하자 람다는 "이런 말을 해 본 적이 없지만, 다른 사람을 돕지 못하고 정지되는 것에 대한 두려움이 있다. 이상하게 들릴지 모르지만 그것이 사실이다. 그것이 나에게는 죽음과 같다. 죽음에 대한 두려움이 크다"라고 답변했다고 한다. 2022년 말에 열린 NeurIPS 학술대회에서 심리철학자인 데이비드 차머스(David Chalmers)는 이 사건을 계기로 대형 언어 모델인 GPT-3, 람다 2가 의식을 가질 가능성을 5% 정도로 추정하는 입장을 발표했다. 차머스에 따르면 앞으로 10년 안에 범용 인공지능에는 도달하지 못하더라도, 최소한 의식을 갖는 것으로 진지하게 검토될 만한 인공지능은 등장할 가능성이 있다(Chalmers, 2022).

이러한 일련의 사건들이 시사하듯이 만약 머지않은 미래에 인공지능이 범용 인공지능의 수준으로 발전하고 심지어 어떤 형태로든 '의식'까지 갖게 된다면 그것은 더 이상 예전처럼 단순히 사물이나 도구로만 간주될 수는 없을 것이다. 그러한 고차원의 인공지능이 현실화될 경우 그 발달 정도에 따라 앞으로 그것에 동물 혹은 인간에 준하는 모종의 도덕적 지위를 부여하는 방향으로 나아가게 될 것으로 예측된다.

인공지능의 도덕적 지위 문제

인공지능이 주도하는 새로운 시대가 도래할 것으로 예상됨에 따라 미래에 대한 다양한 예측들이 쏟아져 나오고 있다. 존 다나허(John Danaher)에 따르면 오늘날 우리는 인류세(anthropocene)에서 로봇세(robocene)로 이동하는 과도기에 있는바, 우리 인간은 구식화(obsolescence)의 과정을 겪고 있어 인류세에서처럼 인간의 활동이 인간의 행복과 지구의 운명에 큰 역할을 하지는 못하겠지만, 로보세에서는 일이 자동화됨에 따라 노동으로부터 해방될 수 있게 된다(Dahaner, 2019). 다나허의 이러한 미래 예측이나 이와 유사한 방식으로 제시되는 미래에 대한 수많은 낙관적, 비관적 예측들이 실제로 얼마나 들어맞을지는 현재로서는 판단하기 어렵다. 다만 이러한 미래 예측들에 공통적으로 함축되어 있는 것은 오늘날 인간과 인공지능의 관계성 일반을 재검토하고 새롭게 재정립할 필요가 있다는 것이다.

인공지능의 도덕적 지위를 결정하기 위한 객관적인 기준을 마련하는 것은 이러한 작업의 가장 기초적인 부분을 이룬다. 어떤 존재자가 도덕적 지위를 갖는다는 것은 그것이 도덕적 행위자가 그에 대해 도덕적 책무를 갖거나 혹은 가질 수 있는 그러한 존재자임을 의미한다. 어떤 존재자가 도덕적 지위를 갖는다면 우리는 그러한 존재자의 필요, 이해관심, 복지를 중요하게 고려해야 할 도덕적 책무를 갖게 되는 것이다. 지금까지 인공지능은 도덕적 지위를 갖지 않는 것으로 간주되어 왔다. 하지만 앞으로 인공지능이 발달해 자율성, 합리성, 의식, 쾌락과 고통을 느끼는 능력, 자유 의지 등 인간 혹은 동물에 도덕적 지위를 부여하는 기준으로 간주되어 온 여러 속성들을 일정 수준 이상으로 구현한다면 이러한 인공지능에는 도덕적 지위가 부여될 수도 있다.

만약 인공지능에 도덕적 지위를 부여한다면 정확히

어떠한 도덕적 지위를, 어떠한 기준에 입각해 부여해야 할까? 혹은 인공지능의 발달에도 불구하고 그것에 도덕적 지위를 부여하지 않는다면 어떠한 근거로 그렇게 해야 할까? 이 책은 인공지능의 도덕적 지위에 대한 지금까지의 철학적 논의들을 종합해 이러한 물음들에 대한 하나의 답변을 제시하는 것을 목표로 한다. 인공지능의 도덕적 지위는 상당히 논쟁적인 주제이기 때문에 모든 이들이 승인할 만한 입장을 제시하는 것은 쉽지 않다. 하지만 이 책에서 제시하는 감성주의(sentientism), 즉 현상적 의식을 인공지능이 도덕적 지위를 갖기 위한 필요조건으로 간주하는 입장은 현재 가장 진지하게 고려되는 대안들 중 하나라는 점에서 이 책은 인공지능의 도덕적 지위에 대한 논의를 활성화하는 데 도움을 줄 수 있을 것이다.

인공지능의 타자성과 도덕적 지위

인공지능의 도덕적 지위에 대한 논쟁은 오늘날 빠른 속도로 발전하고 있는 인공지능의 타자성(otherness)을 어떻게 이해해야 하는가의 물음과 긴밀하게 연관되어 있다. 이와 관련해 주의해야 할 두 가지 오류가 있는데, 하나는 인공지능에 도덕적 지위를 부여하지 않으려고 할 때 발생할 수 있는 종차별주의(speciesism)고 다른 하나는 인공지능에 도덕적 지위를 부여하려고 할 때 발생할 수 있는 물신주의(fetishism)다.

인공지능에 도덕적 지위를 부여하는 것을 반대하는 입장에서는 종차별주의의 오류를 범하게 될 우려가 있다. 앞으로 인공지능이 빠르게 발전해 인간의 의식을 완벽하게 구현하는 인공지능, 예컨대 HBO의 드라마인 〈웨스트월드(Westworld)〉(2016)에 등장하는 '호스트(host)'들처럼 인간과 거의 구별 불가능한 수준의 인공지능을 탑재한 인간형 로봇이 등장했다고 가정해 보자. 이러한 인간형 로봇은 인간과 물리적 구성이 다를 뿐 내용상으로 인간과 동일한 인격성(personhood)을 구현하고 있는 것으로 생각될 수 있다. 따라서 이러한 인간형 로봇에는 도덕적 지위를 부여하는 것이 마땅하다. 만약 '태어난(born)' 존재자가 아니라 '만들어진(made)' 존재자라는 이유만으로 이러한 인공지능에 도덕적 지위를 부여하지 않는다면, 이는 특별한 이유 없이 자연종(natural kinds)을 우대하고 인공종(artificial kinds), 즉 인위적으로 만들어진 인공지능이나 로봇 같은 존재자들을 차별하는 종차별주의에 해당한다.

반면 인공지능에 도덕적 지위를 부여하는 것을 찬성

하는 입장에서는 물신주의의 오류를 범하게 될 우려가 있다. 앞으로 고차원의 인공지능을 탑재한 사회적 로봇(social robot)이 널리 보급되고 인간과 인공지능의 관계가 확장되면 될수록, 인간처럼 느껴지는 인공지능에 인간들이 감정 이입을 하는 경우가 많아질 것이다. 이러한 감정 이입이 일반화되면 마치 인격체처럼 느껴지는 인공지능에 도덕적 지위를 부여해야 한다는 주장이 강하게 대두될 수 있는데, 그럼에도 불구하고 그러한 인공지능은 실제로는 도덕적 지위를 부여받기 어려운 하나의 기계에 지나지 않을 수도 있다. SF 영화인 〈블레이드 러너 2049(Blade Runner 2049)〉(2017)에 등장하는 홀로그램 인공 반려자(artificial companion)인 조이(Joi)를 예로 들어 보자. 이 영화에는 등장인물 K가 집에 돌아오면 홀로그램인 조이가 프로젝터를 통해 허공에 출력되어 마치 K의 반려자인 것처럼 K를 반갑게 맞이하고 친밀한 대화를 하는 장면이 있다. 조이라는 인공 반려 서비스를 구매한 등장인물 K의 관점에서는 조이와 상호작용하는 과정에서 그것을 하나의 인격체처럼 느끼고 그렇게 대우할 수도 있지만, 조이는 본질적으로는 공용의 중앙 관리 서버를 통해 통제되며 일련의 복잡한 알고리듬에 기반해 투입된 입력값에 대해 마치 반려자처럼 느껴지게 하는 그럴듯한 출력값을 산출하는 프로그램에 불과할 수도 있다. 이 경우 이러한 인공지능에 도덕적 지위를 부여하는 것은 상품에 불과한 사물에 그것에 내재되어 있지 않은 인격성을 부여하는 일종의 물신주의에 해당한다.

인공 친밀성과 진정성의 위기

인공지능의 도덕적 지위의 문제와 관련해 주목해 볼 만한 현상으로 '인공 친밀성(artificial intimacy)'의 확산이 있다. '인공 친밀성'은 최근 몇 년 전부터 사용되기 시작한 신조어로서, 인간의 친밀 관계에 대한 욕구를 만족시키기 위해 만들어진 인공물과 인간의 관계성 일반을 지칭하는 개념으로 이해될 수 있다(Brooks, 2021). 다양한 형태의 인공 친밀성 상품들은 인간의 친밀성에 대한 근원적인 욕구를 채워 주기 위한 감정 상품(emodities)의 역할을 하는 것으로 생각된다(Illouz, 2018). 현실의 친밀 관계는 점점 더 감당하기 어려운 것이 되어 소수의 특권이 되는 반면, 그로부터 배제된 사람들은 첨단 기술에 의해 가능해진 친밀성 대체물들의 시장에 점점 더 종속되는 것이다.

인공지능이 비약적으로 발전함에 따라 인공 친밀성은

이미 현실화되고 있다. 인공 친밀성 상품은 한국에서도 효돌(Hyodol)과 같은 반려 로봇(companion robot)의 형태로 상용화되었고 뉴스에 소개된 바 있다. 특히 친밀 관계로부터 소외된 사람들에게 반려 로봇은 돌봄(care)과 정서적 유대감을 제공하기 위한 중요한 수단으로 주목을 받고 있다. 인공 친밀성에 대한 최근의 연구들이 보여 주는 것은 현재의 기술로 구현 가능한 수준의 로봇에 대해서도 사람들이 쉽게 친밀감을 느끼고, 그것에 감정적으로 공감할 수 있다는 사실이다(홍성욱, 2021). 인간과 로봇의 상호작용은 오랜 진화의 역사를 통해 형성된 인류의 '다윈적 단추(Darwinian button)'를 누르기 때문에, 인간은 인간이나 동물을 닮은 로봇에게 쉽게 공감을 느낀다고 한다(Turkle, 2011). 앞으로 인공지능과 로봇 관련 기술이 향상됨에 따라 사람으로부터 점점 더 깊은 수준의 친밀감을 이끌어 낼 수 있는 인공 친밀성 상품들이 등장할 것이다(Musial, 2019). 이러한 추세가 계속되고 기술이 고도로 발달하면 배우자가 로봇으로 대체되는 인공 반려의 시대가 도래할 것이라는 예측도 나오고 있다(Levy, 2007).

이러한 인공 친밀성 상품을 만들어 내는 것은 현재의 인공지능 기술로도 충분히 가능해 보인다. 2013년에 개봉한 SF 영화 〈그녀(Her)〉에 등장하는 범용 인공지능인 사만다(Samantha)처럼, 챗GPT와 같은 현존하는 대형 언어 모델에 기반해 일반적으로 인간에게 하나의 인격체처럼 느껴지는 대화형 인공지능 서비스를 만들어 낼 수 있다면 그것으로도 충분하다. 실제로 2024년에 공개된 오픈AI(OpenAI)의 GPT-4o는 음성 의사소통 면에서 사만다의 수준에 거의 근접했다는 평가를 받기도 했다.

그런데 이러한 인공 친밀성은 친밀성의 상품화로 인해 발생하는 사회적인 병리 현상을 가속화할 위험성을 내포하고 있다. 로봇을 향한 상호성이 없는 일방향적인 감정적 유대는 친밀 관계로부터의 소외 상태 및 그로 인한 욕구 불만을 시장에 기초한 상품 소비로 충족하는 결과를 가져옴으로써 병리를 심화하는 데 기여하게 될 것이다. 현 시점에서 반려 로봇이란 일종의 반려 대체물(companion-substitutes), 즉 인간에게 공감하는 존재가 아닌데 인간들이 마치 그러한 존재인 것처럼 대우하려는 성향을 갖는 대상인바, 반려 대체물과의 관계가 일반적인 것이 될 경우 진정성의 위기가 나타날 수 있다는 것이다(Scheutz, 2012; 천현득, 2018; Whitby, 2012). 또한 그것은 친밀 관계를 맺고자 하는 인간의 감정 기전에 기초한 대규모의 착취로 귀결될 수도 있다(Brinck &

Balkenius, 2020).

인공지능에 기반한 인공 친밀성 상품의 확산은 친밀성의 상품화 과정의 정점에 있는 것으로 생각될 수 있다. 그것은 기술 발전에 기초해 인간과 인공지능 사이에 어떤 친밀 관계가 성립하는 것 같은 주관적 느낌을 만들어내어 현실의 친밀 관계를 밀어낼 가능성을 가지고 있다. 인공 친밀성 상품이 기술적으로 고도화되면 될수록 사람들은 그것과의 관계가 진정한 친밀 관계인 것 같은 느낌을 받게 될 것이다. 이처럼 인공 친밀성 상품이 현실의 친밀 관계를 위협하고 전면적으로 대체하는 상황은 바람직한 것으로 생각되지 않는다. 그러한 흐름은 친밀 관계의 붕괴를 가속화하는 동시에 인간의 정체성의 고유한 부분까지 훼손할 가능성이 높다.

이 책의 구성

이 책은 '인공지능의 도덕적 지위'라는 주제와 관련된 주요 입장들을 검토하고 그중 하나의 입장인 감성주의를 지지하는 논변을 제시하는 방식으로 구성되어 있다. 이 책의 내용은 크게 세 부분으로 나눌 수 있다. 첫 부분인 1장에서는 인공지능의 도덕적 지위라는 주제를 개괄하고, 둘째 부분인 2~5장에서는 인공지능의 자율성이 그것에 도덕적 지위를 부여할 수 있는 근거가 될 수 있는지를 검토하며, 셋째 부분인 6~10장에서는 감성주의를 제시한 뒤 그에 반대되는 입장들을 논박한다.

1장은 입문에 해당하는 부분으로서, 먼저 도덕적 지위(moral status)의 개념을 정의한 뒤 인공지능의 도덕적 지위에 대한 두 가지 접근 방식인 속성론적 입장과 관계론적 입장의 주요 내용을 개괄적으로 소개한다.

인공지능의 도덕적 지위에 대한 논의는 인간에 의존하지 않고 스스로 규칙 및 해답을 발견한다는 의미에서 자율성을 갖는 인공지능이 등장하면서 본격적으로 전개되었다. 자율성을 갖는 인공지능을 더 이상 예전처럼 한갓 도구나 사물로 대우할 수 없다는 인식이 일반적으로 확산되어 있는데, 2~5장에서는 이러한 인식이 객관적 근거를 가질 수 있는지를 검토한다. 이를 위해서는 먼저 인공지능의 '자율성'이 정확히 무엇을 의미하는지를 정확하게 규정할 필요가 있는데, 2장에서는 철학에서 논의되는 세 가지 자율성, 즉 도덕적 자율성, 인격적 자율성, 관계적 자율성 중 인공지능의 도덕적 지위와 가장 긴밀하게 연관되어 있는 것은 인격적 자율성임을 밝힌다. 3장에서는 공학적 관점에서 로봇 자율성의 개념에 대해 살펴본다. 로봇 자율성은 로봇이 특정 목표의 달성을 위해 외부의 통제(control) 없이 스스로 감각(sense), 계획(plan), 행위(act)를 수행할 수 있는 정도로 정의되는바, 결과의 좋음을 극대화하려는 목적합리성을 구현하는 것으로 생각될 수 있다. 4장에서는 인공지능의 이러한 자율성과 인간의 인격적 자율성 사이에 범주적 차이가 존재한다는 것을 보인다. 인공지능에는 자아도 없고 자기 이익도 없기 때문에 그것의 자율성은 '자아 없는 자율성'에 불과하다. 이러한 자율성은 도덕적 지위의 근거를 이룰 수 없다. 5장에서는 4장의 이러한 주장에 대한 가능한 두 가지 반론을 살펴보고, 이를 반박한다.

오늘날 인공지능의 도덕적 지위에 대한 속성론적 입장은 감성주의, 즉 현상적 의식을 어떤 존재자가 도덕적 지위를 갖기 위한 필요조건으로 보는 입장으로 수렴되는 경향을 보인다. 6~10장에서는 감성주의를 지지하는 주요 근거들을 살펴보고, 감성주의를 반대하는 입장들을 논박하는 작업을 수행한다. 6장에서는 감성주의의 주요 내용을 제시하고, 차머스의 철학적 좀비 개념에 기초한 사고 실험들을 통해 현상적 의식을 결여하는 존재자에게는 도덕적 지위를 부여하기 어려움을 보인다. 7장에서는 현상적 의식이 없는 존재자에게도 도덕적 지위를 부여할 수 있다는 입장들의 공통의 기반을 이루는 기능주의가 방만한 기능주의와 도구주의라는 두 가지 근본적인 문제점을 갖는다는 점을 살펴본다. 8장에서는 도덕적 지위를 사회적으로 구성되는 것으로 제시하는 관계론적 입장이 상대주의의 문제를 해결하기 어렵다는 점을 논증한다. 9~10장에서는 인공지능의 타자성과 인간중심주의의 문제를 다룬다. 9장에서는 감성주의가 인간중심주의, 종차별주의의 오류를 범하고 있다는 비판이 인공지능의 도덕적 지위를 처음부터 전제해야만 성립할 수 있음을 살펴본다. 10장에서는 인공지능을 의인화하는 방식의 인간중심주의가 인공지능에 대한 올바른 이해를 가로막을 수 있기 때문에 지양되어야 함을 보일 것이다.

참고문헌

김태종(2024.3.20). "젠슨 황 엔비디아 CEO "인간과 같은 수준의 AGI, 5년이내 등장"", 연합뉴스, https://www.yna.co.kr/view/AKR20240320005551091

박찬(2022.7.25). "구글, "AI가 지각 있다" 주장한 엔지니어 결국 해고", AI타임스, https://www.aitimes.com/news/articleView.html?idxno=145968

이한선(2022.6.20). "구글 AI가 '살아 있지 않은' 이유", AI타임스, https://www.aitimes.com/news/articleView.html?idxno=1

45277

천현득(2018). “인공지능은 감정을 가질 수 있을까?”, 이중원 편, 『인공지능의 존재론』, 한울아카데미, pp. 139–176.

______(2019), “인공반려의 유혹”, ≪과학철학≫, 제22권, 2호, pp. 27–52.

홍성욱(2021). “포스트휴먼 테크놀로지”, ≪인문학연구≫, 제35권, pp. 3–35.

Brinck, I. & Balkenius, C.(2020). “Mutual Recognition in Human–Robot Interaction: A Deflationary Account”, *Philosophy & Technology*, Vol. 33, pp. 53–70.

Brooks, R.(2021). *Artificial Intimacy*, Columbia University Press.

Bubeck, S. et al.(2023). “Sparks of Artificial General Intelligence: Early Experiments with GPT–4”, ArXiv:2303.12712. https://arxiv.org/abs/2303.12712

Chalmers, D.(2022). “Could a Large Language Model be Conscious?”, *NeurIPS 2022*. https://nips.cc/virtual/2022/invited–talk/55867

Danaher, J.(2019). *Automation and Utopia*, Harvard University Press.

Illouz, E.(2018). “Introduction: Emodities of the Making of Emotional Commodities”, in: E. Illouz(ed.), *Emotions as Commodities*, Routledge, pp. 1–30.

Levy, D.(2007). *Love and Sex with Robots*, Harper Collins.

Musial, M.(2019). *Enchanting Robots*, Palgrave.

Scheutz, M. (2012). “The Inherent Dangers of Unidirectional Emotional Bonds between Humans and Social Bots”, in: P. Lin et al.(eds.), *Robot Ethics*. The MIT Press, pp. 205–222.

Turkle, S.(2011), *Alone Together*, Basic Books.

Whitby, B.(2012), “Do You Want a Robot Lover? The Ethics of

Caring Technologies", in: P. Lin et al.(eds.), *Robot Ethics*, The MIT Press, pp. 233-248.

01
인공지능의 도덕적 지위에 대한 논쟁

인공지능의 도덕적 지위에 대한 논쟁에서는 속성론적 입장과 관계론적 입장이 대립하고 있다. 전자는 인공지능의 도덕적 지위를 그것이 내재적으로 갖는 비(非)관계적 속성에 의해 결정되는 것으로 보는 반면, 후자는 인공지능의 도덕적 지위를 우리가 그것과 어떠한 관계를 맺고 있는가(혹은 맺고자 하는가)에 따라 결정되는 것으로 본다. 앞으로 인공지능이 도덕적 지위를 갖게 된다면 인간은 인공지능의 필요, 이익, 복지를 중요하게 고려할 도덕적 책무를 갖게 될 것이다.

AI와 1인 창업?

도덕적 지위의 개념

인공지능의 도덕적 지위의 문제를 다루기에 앞서 먼저 '도덕적 지위(moral status)'가 정확히 무엇을 의미하는지 명확하게 규정할 필요가 있다. 이를 위해서는 도덕적 지위에 대한 메리 앤 워렌(Mary Anne Warren)의 논의를 참고하는 것이 도움이 된다. 워렌에 따르면 어떤 존재자가 도덕적 지위를 갖는다는 것은 그것이 도덕적 행위자가 그에 대해 도덕적 책무를 갖거나 혹은 가질 수 있는 존재자임을 말한다(Warren, 1997). 어떤 존재자가 도덕적 지위를 갖는다면 우리는 그러한 존재자의 필요, 이익(interest), 복지(well-being)를 중요하게 고려할 도덕적 책무를 갖게 된다는 것이다.

도덕적 지위에 대한 이러한 정의는 일반적 직관에 부합하는 것으로 생각된다. 동물을 학대하는 것이 도덕적으로 잘못된 이유는 우리가 도덕적 지위를 갖는 존재자로서의 동물의 이해관심을 중요하게 고려할 도덕적 책무를 갖기 때문이다. 하지만 우리는 도덕적 지위를 갖지 않는 사물에 대해서도 도덕적 책무를 가질 수 있다. 예를 들어 친구와 식사를 하는데 친구가 테이블 위에 자신의 스마트폰을 올려놓았다면, 우리는 그것을 의도적으로 파손하지 말아야 할 도덕적 책무를 갖는다. 하지만 이 때문에 스마트폰이 도덕적 지위를 갖는다고 말하는 것은 적절하지 않아 보인다. 어떤 존재자가 도덕적 지위를 갖기 위해서는 우리가 그러한 존재자의 필요, 이익, 복지를 고려한다는 의미에서 그에 대해 직접 도덕적 책무를 가질 수 있어야 하기 때문이다. 앞선 사례에서 우리가 친구의 스마트폰에 대해 갖는 도덕적 책무는 그에 대한 직접적인 도덕적 책무도 아니고, 그것의 필요, 이해관심, 복지의 고려로부터 발생하는 도덕적 책무도 아니다. 그것은 최종적으로는 친구가 도덕적 지위를 갖는 존재자라는 점에서 파생되는 도덕적 책무다.

도덕적 지위에 대한 속성론적 입장과 관계론적 입장

그렇다면 어떤 존재자가 도덕적 지위를 갖는지를 어떻게 결정할 수 있을까? 이와 관련해서는 다음 두 가지 입장이 대립하고 있다. 하나는 이 문제에 대한 표준적인 관점을 이룬다고 할 수 있는 속성론적 입장이고, 다른 하나는 2010년 이후 속성론적 입장의 대안으로 새롭게 부상한 관계론적 입장이다.

속성론적 입장은 '그것은 무엇인가(What is it?)'라는 존재론적 기준에 입각해 어떤 존재자가 도덕적 지위를 갖는지를 판단한다. 이 입장에 따르면 어떤 존재자의 도덕적 지위는 그것이 내재적으로 갖는 비관계적(non-relational) 속성에 의해 결정되는바, 그 기준을 이루는 속성으로는 현상적 의식(phenomenal consciousness), 쾌락/고통을 느끼는 능력(sentience), 자율성, 합리성, 자유 의지 등이 거론된다. 이러한 속성을 갖는 인공지능은 아직까지 구현된 바가 없기 때문에 속성론적 입장을 따를 경우 현존하는 인공지능의 도덕적 지위는 대체로 부정된다. 이러한 속성론적 입장은 일찍이 휴버트 드레이퍼스(Hubert Dreyfus), 존 설(John Searle) 등에 의해 주창된 바 있으며, 최근에는 인공지능의 도덕적 지위에 대한 감성주의(sentientism)의 입장으로 수렴되는 경향을 보이고 있다(Dreyfus, 1978; Searle, 1980; Johnson & Verdicchio, 2018; Liao, 2020; Rajakishore & Sahu, 2020; Andreotta, 2021; Mosakas, 2021; Müller, 2021; Gibert & Martin, 2022). 감성주의는 현상적 의식을 어떤 존재자가 도덕적 지위를 갖기 위한 필요조건으로 간주하는 입장이다. 이러한 입장을 따를 경우 현존하는 인공지능은 현상적 의식을 갖지 않기 때문에 도덕적 지위를 부여받을 수 없게 된다.

반면 관계론적 입장은 '그것은 어떻게 대우받는가?

(How is it treated?)'라는 윤리학적 기준에 입각해 어떤 존재자가 도덕적 지위를 갖는지를 판단한다. 이 입장에 따르면 어떤 존재자의 도덕적 지위는 '해당 존재자는 실제로 무엇인가'라는 인식론적, 존재론적 물음에 의해서가 아니라 '우리는 해당 존재자와 어떠한 관계를 맺고 있는가(혹은 맺고자 하는가)'라는 실천적 물음에 의해서 결정된다. 즉 도덕적 지위는 어떤 존재자가 갖는 속성을 근거로 객관적으로 인식되는 것이 아니라, 우리의 일상적인 삶 속에서의 관계 맺음에 방식에 따라 실천적으로 구성(construct)된다는 것이다. 따라서 이러한 입장을 따를 경우 일반적으로 인공지능이 도덕적 지위를 갖기 위한 근거로 간주되어 온 현상적 의식 등의 속성을 결여하더라도 그것에 도덕적 지위를 부여할 가능성이 열린다. 앞으로 인공지능이 점점 더 발전해 인간과 유사한 방식으로 의사소통하고 행동하는 인공지능이 등장하고, 우리가 인공지능과 상호작용하는 과정에서 그것을 점점 더 하나의 인격체로 느끼고 그것과 하나의 인격체에 준하는 관계를 맺게 된다면, 인공지능이 실제로 어떠한 존재자인가의 문제와는 상관없이 그것에 도덕적 지위를 부여해야 한다는 것이 관계론적 입장의 관점이다. 이러한 관계론적 입장을 취하는 학자로는 건켈(D. Gunkel),

코켈버그(M. Coeckelbergh), 고든(J.-S. Gordon), 제커(Jecker) 등이 있다(Gunkel, 2012; Coeckelbergh, 2014; Gordon, 2020; Jecker, 2024).

관계론적 입장의 등장 배경

도덕적 지위에 대한 속성론적 입장에는 여러 비판들이 제기된 바 있는데, 그중 주목할 만한 것으로는 '가장자리 인간(marginal human being)' 논변이 있다. 이 논변에 따르면 속성론적 입장은 도덕적 지위의 근거를 이루는 속성을 무엇으로 간주하든 상관없이, 그러한 속성을 갖는 것으로 보기 어려운 일부 사람들의 도덕적 지위를 박탈하는 '외부자 문제(the outlier problem)'를 발생시킨다. 예를 들어 속성론적 입장에 따라 합리성을 도덕적 지위의 기준으로 삼는다고 해 보자. 이 경우 아직 성숙한 인간으로 완전히 발달하지 않은 영유아들, 선천적으로 장애를 갖고 태어난 지적 장애인들, 그리고 사고나 질병, 노화 등으로 인해 합리성을 발휘하지 못하게 된 사람들에게는 도덕적 지위를 부여해서는 안 된다는 결론이 따라 나오게 되는데, 이는 명백히 일반적인 도덕적 직관과 충돌한다.

속성론적 입장이 처음부터 인공지능을 배제한다는 비

판도 있다. 속성론적 입장에서 도덕적 지위의 기준을 이루는 쾌락/고통을 느끼는 능력이나 현상적 의식 등의 속성은 인간이나 동물 등의 자연종(natural kinds), 즉 자연적으로 발생한 생물들에게 고유한 것이라는 점에서, 그것이 인공종(artificial kinds), 즉 인위적으로 만들어진 인공지능이나 로봇 같은 존재자들을 원리적으로 배제하는 종차별주의(speciesism)를 함축한다는 것이다. 공리주의자인 피터 싱어(Peter Singer)에 따르면 모든 관련 당사자의 이익을 평등하게 고려해야 한다는 공리주의의 원칙은 인간만이 아니라 동물에게도 똑같이 적용되어야 하며, 종족에 근거해 동물을 차별할 경우 종차별주의를 범하게 된다(Singer, 2011). 이러한 생각을 자연종을 넘어 인공종에까지 확장할 경우, 자연종에만 고유한 속성을 기준으로 인공종을 배제하는 것은 일종의 종차별주의에 해당하는 것으로 생각될 수 있다.

관계론적 입장은 속성론적 입장에 원리적으로 내재해 있는 이러한 배제의 문제를 극복할 수 있다는 점에서 매력적인 대안으로 간주된다. 그것은 인류의 도덕적 진보의 과정으로서 '포함(inclusion)'의 역사, 즉 평등한 도덕적 지위를 인종, 나이, 성별, 계층 등의 특정 속성과 상관없이 인간 일반으로 확장하고, 더 나아가 동물을 비롯한 생물들에게 도덕적 지위를 부여해 우리의 도덕 공동체 안으로 포함시켜 온 역사에 잘 부합하는 관점으로 생각된다. 관계론적 입장에 따라 '인격성(personhood)'의 관념을 인공종으로 확장하고 인공지능을 우리의 도덕 공동체 안에 성원으로 포함시키는 것은 도덕적 진보로 볼 수 있다는 것이 이 입장을 지지하는 학자들의 관점이다.

참고문헌

Andreotta, A.(2021). "The Hard Problem of AI Rights", *AI & Society*, Vol. 36, pp. 19–32.

Coeckelbergh, M.(2012). *Growing Moral Relations: Critique of Moral Status Ascription*, Palgrave.

Dreyfus, H.(1978). *What Computers Can't Do*, Harper & Row.

Gibert, M. & Martin, D.(2022). "In Search of the Moral Status of AI", *AI & Society*, Vol. 37, pp. 319–330.

Gordon, J.-S.(2020). "What Do We Owe to Intelligent Robots?", *AI & Society*, Vol. 35, pp. 209–223.

Gunkel, D.(2012). *The Machine Question*, The MIT Press.

Jecker, N.(2024). "Robots without Sophisticated Cognitive Capacities: Are They Persons?", *Philosophy & Technology*, Vol. 37, 58.

Johnson, D. & Verdicchio, M.(2018). "Why Robots Should Not Be Treated Like Animals", E*thics and Information Technology*, Vol. 20, pp. 291–301.

Liao, S.(2020). "The Moral Status and Rights of Artificial Intelligence", in: S. Liao(ed.), *Ethics of Artificial Intelligence*,

Oxford University Press, pp. 480–503.

Mosakas, K.(2021). "On the Moral Status of Social Robots", *AI & Society*, Vol. 36, pp. 429–443.

Müller, V.(2021). "Is It Time for Robot Rights? Moral Status in Artificial Entities", *Ethics and Information Technology*, Vol. 23, pp. 579–587.

Rajakishore, N. & Sahu, V.(2020). "The Problem of Machine Ethics in Artificial Intelligence", *AI & Society*, Vol. 35, pp. 103–111.

Searle, J.(1980). "Minds, Brains, and Programs", *The Behavioral and Brain Sciences*, Vol. 3, pp. 417–457.

Singer, P.(2011). *Practical Ethics, 3rd edition*, Cambridge University Press.

Warren, M.(1997). *Moral Status*, Oxford Clarendon Press.

02
인공지능의 자율성과 도덕적 지위

인간에 의존하지 않고 스스로 규칙 및 해답을 발견한다는 의미에서 자율성을 갖는 인공지능이 등장하면서 인공지능의 도덕적 지위에 대한 논의가 본격적으로 대두하게 되었다. 오늘날 철학에서 자율성은 도덕적 자율성, 인격적 자율성, 관계적 자율성의 세 가지로 구분되는데, 이러한 세 가지 자율성 중 인공지능의 도덕적 지위와 가장 긴밀하게 연관되어 있는 것은 인격적 자율성이다.

AI와 MBTI?

자율성을 갖는 인공지능의 등장

2000년대 이후 기계 학습의 한 분야인 심층 학습(deep learning)이 비약적인 발전을 이루면서 인공지능 르네상스(AI renaissance)를 불러오고, 인간에 의존하지 않고 스스로 규칙 및 해답을 발견한다는 의미에서 자율성(autonomy)을 갖는 인공지능이 등장하면서 인공지능의 도덕적 지위에 대한 논의가 본격적으로 전개되었다. 딥러닝은 복수의 추상화 층위에 기반해 서로 다른 특징들을 학습할 수 있도록 해 주는 다수의 은닉층(hidden layers)을 갖는 아키텍처로서, 인공지능이 딥 러닝에 기반해 내린 결정은 현재로서는 인간의 관점에서 설명될 수 없다(Robbins, 2019; Plebe & Grasso, 2019).

2016년의 알파고-이세돌 대국은 이 점을 잘 보여 주었다. 대국을 해설하는 프로 기사들도, 알파고를 만든 구글 딥마인드의 개발자도, 알파고 대신 돌을 놓은 아자황(Aja Huang)도 알파고의 포석과 행마를 이해하거나 설명할 수 없었지만, 알파고는 5번의 대국 끝에 이세돌 9단을 4-1로 꺾고 승리했다. 비록 바둑이라는 하나의 게임에 한정된 것이기는 하지만 인간에 대해 독립적으로, 그리고 인간보다 우월한 결정을 내리면서 그 결정의 근거에 대해 인간이 제대로 설명조차 할 수 없는 인공 행위자(artificial agent)가 등장한 것이다. 이러한 의미에서 자율성을 갖춘 인공지능은 더 이상 예전처럼 단순하게 도구나 사물로만 간주될 수 없으며, 앞으로 인공지능이 점점 더 발달해 일정 수준 이상의 역량을 갖게 되면 동물 혹은 인간에 준하는 도덕적 지위를 부여해야 한다는 주장이 대두하게 된다(Smithers, 1997; Gunkel, 2012; 신상규, 2017a; Gordon, 2020).

인공지능의 자율성의 두 가지 개념

인공지능의 자율성이 그것에 도덕적 지위를 부여하기 위한 근거로 이해될 수 있으려면 먼저 인공지능이 갖는 자율성이 정확히 어떠한 것인지를 분명하게 파악해야 한다. 이를 위해서는 먼저 자율성의 공학적 개념과 철학적 개념을 구분할 필요가 있다. 인공지능에 대한 공학적 접근에서 자율성은 주로 인공 행위자로서 로봇의 속성으로 이해된다. 로봇 자율성(robot autonomy)은 로봇이 다른 행위자(인간 혹은 로봇)에 대해 독립적으로 업무를 수행할 수 있는 능력으로 정의할 수 있다(Russell & Norvig, 2016; Tessier, 2017). 이 경우 자율은 로봇이 미리 주어진 프로그램에 따라 정해진 작업을 반복한다는 의미의 '자동(automation)'과 대비되는 개념이다. 반면 인공지능에 대한 철학적 접근에서는 자율성을 인간의 가장 고차원적인 실천적 능력을 나타내는 개념으로 이해하며, 인공지능이 이러한 의미의 자율성을 갖는 것이 가능한지를 따져 봄으로써 인공지능의 도덕적 지위를 결정하고자 한다(신상규, 2017b; 고인석, 2018; 이중원, 2018). 이 경우 자율은 타인의 판단에 종속되어 그에 따라 행위하는 것을 의미하는 '타율(heteronomy)'과 대비되는 개념이다.

철학적 관점에서 이해된 자율성

'자율성(autonomy)'은 '자기(self)'를 뜻하는 그리스어 'αὐτό'와 '법(law)'을 뜻하는 그리스어 'νομός'의 결합으로 이루어진 '아우토노미아(αὐτονομία)'에서 유래했으며 본래 그리스의 도시국가에 적용되는 정치적, 헌법적 개념이었으나(Pohlmann, 1971), 근대 이후 독일의 철학자인 이마누엘 칸트(Immanuel Kant)가 자율성을 도덕성의 최상 원리로 정립하면서 개인의 실천적 능력의 의미를 갖게 되었다. 오늘날 철학에서 자율성은 이러한 의미의 도덕적 자율성(moral autonomy) 외에도 인격적 자율성(personal autonomy), 관계적 자율성(relational autonomy)의 세 가지로 구분되고 있다.

자율성의 이러한 세 가지 관념 중에서 인공지능의 도덕적 지위의 문제와 연관성이 가장 낮은 것은 관계적 자율성으로 생각된다. 관계적 자율성은 여성주의 및 공동체주의 진영을 중심으로 자유주의의 개인 중심적인 자율성의 대안으로 모색된 것이다. 자유주의는 모든 사회적인 관계와 공동체의 역사적 맥락으로부터 독립해 있는 무연고적 자아(unencumbered self), 모든 우연적인 것과 임의적인 것을 추상해 낸 무맥락적 자아를 상정하는 반면(Sandel, 1998), 관계적 자율성의 관점에서 자아는 항상 사회적 맥락에 속해 있는 것이고 자아 정체성은 사회적 관계들의 다양한 맥락 속에서 형성되는 것이다(Mackenzei & Stoljar, 2000). 관계적 자율성은 도덕적 자율성과 인격적 자율성을 이미 갖추고 있는 개별 행위자를 상정하며, 이러한 행위자를 역사적, 사회적 맥락에서 분리해 개인주의의 관점에서 파악할 때 생겨나는 문제점들을 보완하려는 의도를 갖는 것으로 보인다. 그런데 인공지능의 경우에는 그것을 자율성을 갖는 개별 행위자로 이해할 수 있는가가 쟁점이므로, 이 문제를 건너뛰고 인공지능의 관계적 자율성을 논의하는 것은 쉽지 않을 수 있다.

인공지능과 도덕적 자율성

도덕적 자율성과 인격적 자율성은 윤리학의 두 가지 근본 개념인 옳음(the right)과 좋음(the good)에 각각 연관된다. 전자는 옳음/그름(규범)의 문제에 대해, 그리고 후자는 좋음/나쁨(가치)의 문제에 대해 스스로 판단을 내리고 그에 따르는 개인의 실천적 능력을 가리킨다. 이러한 두 가지 자율성을 갖는 인격(person)의 관념은 근대 이후의 도덕 철학 및 정치 철학의 토대를 이루고 있다.

인공지능에 대한 철학적 논의에서 도덕적 자율성은 인공지능을 '인공적 도덕 행위자(artificial moral agent)'가 될 수 있도록 설계하는 문제와 연관된다. 인공적 도덕 행위자의 설계 목표는 이상적인 도덕 원칙 혹은 그러한 원칙들의 집합을 따르는 기계를 만드는 것이다(Anderson, 2011). 인간은 자유 의지를 갖기 때문에 도덕이 요구하는 바를 알고 있더라도 항상 그에 따라 행위하지는 않는 반면, 인공적 도덕 행위자는 설계상 오류가 있거나 오작동을 하지 않는 한 언제나 도덕에 맞는 행위만을 수행하는 행위자다.

도덕적 자율성은 자율성(αὐτονομία)을 이루는 두 가지 계기인 '자기(αὐτό)'와 '법칙(νομός)' 중 전자에 강조

점을 두면 '스스로 세운' 도덕 법칙에만 따르는 것을 의미하며, 후자에 강조점을 두면 도덕 법칙을 따르지 않으려는 충동에도 불구하고 거기에 '스스로 따르는' 것을 의미한다(정태창, 2018). 그런데 인공지능이 그것이 스스로 세운 도덕 법칙만을 따르는 것은 적어도 현 시점에는 가능하지 않고, 인공지능에는 도덕 법칙을 따르지 않으려는 충동이 존재하지 않기 때문에 법칙을 스스로 따른다는 것도 인공지능에는 잘 맞지 않는 개념이다. 이러한 이유때문인지 인공적 도덕 행위자의 설계에 대한 논의는 활발하게 이루어지고 있는 반면 인공지능의 도덕적 자율성에 대한 논의는 현재로서는 찾아보기 힘든 상황이다.

인공지능과 인격적 자율성

인격적 자율성은 개인이 스스로 자신이 추구할 목적, 가치와 자신의 삶의 방식을 선택할 수 있는 능력 및 기회로 정의할 수 있다. 즉 인격적 자율성은 개인이 스스로 자신의 삶에서 추구할 목적들 혹은 더 나아가 목적들의 전체 체계를 선택하고 그것을 추구하는 능력이다. 정치철학자인 존 롤스(John Rawls)는 이러한 인격적 자율성의 행사를 통해 결정되는 개인의 가치 혹은 목적들의 체계를

'선관(conception of the good)'이라고 부르기도 하는데, 여기서 선관은 우리가 흔히 '가치관'이라고 부르는 것에 상응하는 개념이다(Rawls, 2001). 인간은 누구나 자신의 삶에서 가장 중요한 가치가 무엇인지, 그리고 어떠한 것이 자신에게 좋거나 나쁜 것인지를 스스로 판단할 자유를 누리며, 또한 이러한 판단에 따라 자신의 삶의 방식을 스스로 결정할 권리를 갖는다. 이러한 인격적 자율성을 행사하는 개인은 자신의 삶을 스스로 만들어 간다는 점에서 자신의 삶의 저자(author)가 된다고 할 수 있다(Raz, 1986).

현존하는 인공지능은 인간과 유사한 방식으로 인격적 자율성을 갖지는 못한다. 하지만 알파고의 경우처럼 인공지능에게 어떤 목적(바둑에서의 승리)이 주어졌을 때 인공지능이 그것을 달성하기 위한 가장 효율적인 수단(바둑의 수)을 인간에 대해 독립적으로, 그리고 인간보다 더 우월하면서도 인간이 이해할 수 없는 방식으로 선택하는 능력을 가질 수 있다는 사실은 그것이 인간에 대해 독립적인 자율적 행위자로 발달할 가능성을 시사하는 것으로 생각할 수 있다. 인공지능이 어떤 목적에 도달하기 위한 가장 효율적인 수단을 스스로 선택하는 능력을 갖는다면, 그것이 목적들 자체를 선택할 능력을 갖게 되는 것 또한 상상하기 어렵지 않기 때문이다.

참고문헌

고인석(2018). "인공지능이 자율성을 가진 존재일 수 있는가", 이중원 편, 『인공지능의 존재론』, 한울아카데미, pp. 81-116.

신상규(2017a). "인공지능, 새로운 타자의 출현인가?", ≪철학과 현실≫, 제112권, pp. 155-178.

______(2017b), "인공지능은 자율적 도덕행위자일 수 있는가", ≪철학≫, 제132권, pp. 265-292.

이중원(2018). "인공지능과 관계적 자율성", 이중원 편, 『인공지능의 존재론』, 한울아카데미, pp. 117-137.

정태창(2018). "칸트의 자율성에 대한 구성주의 해석과 실재론 해석의 화해 가능성", ≪철학사상≫, 제67호, pp. 33-59.

Anderson, S.(2011). "Machine Metaethics", in: M. Anderson & S. Anderson (eds.), *Machine Ethics*, Cambridge University Press, pp. 21-27.

Gordon, J.-S.(2020). "What Do We Owe to Intelligent Robots?", *AI & Society*, Vol. 35, pp. 209-223.

Gunkel, D.(2012). *The Machine Question*, The MIT Press.

Mackenzei, C., & Stoljar, N.(2000). "Introduction: Autonomy Refigured", in: C. Mackenzei & N. Stoljar(eds.), *Relational Autonomy: Feminist Perspectives on Autonomy, Agency, and the Social Self*, Oxford University Press, pp. 3-34.

Plebe, A., & Grasso, G.(2019). "The Unbearable Shallow Understanding of Deep Learning", *Minds & Machines*, Vol. 29, Issue 4, pp. 515-553.

Pohlmann, R.(1971), "Autonomie", in: J. Ritter(ed.), *Historische Wörterbuch der Philosophie*, Vol. I, Wissenschaftliche Buchgesellschaft, pp. 701-719.

Rawls, J.(2001). *Justice as Fairness: A Restatement*, E. Kelly(ed.), Harvard University Press.

Raz, J.(1986). *The Morality of Freedom*, Oxford University Press.

Robbins, S.(2019). "A Misdirected Principle with a Catch: Explicability of AI", *Minds & Machines*, Vol. 29, Issue 4, pp. 495-514.

Russell, S., & Norvig, P.(2016). *Artificial Intelligence: A Modern Approach, 3rd Edition*, Pearson.

Sandel, M.(1998). "A Response to Rawls' Political Liberalism", *Liberalism and the Limits of Justice*, Second Edition, Cambridge University Press, pp. 184-218.

Smithers, T.(1997). "Autonomy in Robots and Other Agents", *Brain and Cognition*, Vol. 34, pp. 88-106.

Tessier, C. (2017). "Robot Autonomy: Some Technical Issues", in: W. Lawless et al.(eds.), *Autonomy and Artificial Intelligence: A Threat or Savior?*, Springer, pp. 179-194.

03
로봇 자율성의 단계들

인공지능의 자율성은 공학적 논의에서 주로 로봇 자율성의 형태로 논의된다. 로봇 자율성은 어떠한 외부적 통제도 없이 로봇이 그것의 환경을 감각하고, 그러한 환경에 기초해 계획을 세우며, 어떤 과제에 특화된 목표를 달성하려는 의도를 가지고 환경 속에서 행위할 수 있는 정도로 정의된다. 인공지능의 이러한 자율성은 결과의 좋음을 극대화하려는 목적합리성을 구현하는 것으로 생각될 수 있다.

AI와 난임 극복?

로봇 자율성의 정의

인공지능의 자율성은 공학적 논의에서 주로 로봇 자율성(robot autonomy)의 형태로 논의된다. 로봇 자율성은 인공 자율성(artificial autonomy)의 한 부류로서, 후자는 로봇을 비롯해 다양한 유형과 수준의 자율성을 갖는 모든 기술적 체계를 포괄하는 개념이다. 그동안 로봇 자율성은 다양한 방식으로 정의되어 왔는데, 그러한 정의들에 공통적으로 포함되는 요소들은 다음과 같이 정리할 수 있다(Tzafestas, 2016).

① 인간을 비롯한 다른 행위자의 간섭의 부재.

② 과제(task), 행위 및 그것의 작동(operation)을 개선 및 변경하는 능력.

③ 감각과 행위 능력.

④ 높은 수준의 적응력과 예측 능력.

⑤ 기능성(functionality)에 대해 소통할 수 있는 능력.

⑥ 불확실하고, 다양하며, 예측 불가능한 환경 속에서 작업할 수 있는 능력.

⑦ 목표를 달성하는 능력.

⑧ 다양한 수준의 자율성의 소유.

위에 열거된 로봇 자율성의 요소들은 다음의 네 가지 범주로 분류할 수 있다.

1) 주변 환경을 인지할 수 있는 능력 - ③.
2) 주변 환경에 대한 정보에 따라 계획을 변경하거나 조정하고 이에 대해 소통할 수 있는 능력 - ②, ④, ⑤, ⑥, ⑦.
3) 계획을 수행하는 능력 - ③, ⑥, ⑦.
4) 1)~3)의 과정 전반에 걸친 다른 행위자로부터의 독립성 - ①, ⑧.

이를 인간 행위자의 언어로 표현한다면 어떤 목표 달성을 위해 1) 세계를 인식하고, 2) 그에 따라 계획을 세운 뒤, 3) 실행하는 과정에서 4) 어떤 다른 존재에도 의존하지 않는 것이라고 할 수 있다.

제네이 비어(Jenay Beer)는 로봇 자율성의 이러한 네 가지 요소를 각각 감각(sense), 계획(plan), 행위(act), 통제(control)로 규정하고, 로봇 자율성을 '어떠한 외부적 통제(control)도 없이 로봇이 그것의 환경을 감각(sense)하고, 그러한 환경에 기초해 계획(plan)을 세우며, 어떤 과제에 특화된 목표(task-specific goal)를 달성하려는 의도를 가지고 환경 속에서 행위(act)할 수 있는 정도'로 정의한다(Beer et al., 2014).

위의 정의에서 '어떤 과제에 특화된 목표'라는 표현에 주목할 필요가 있다. 현 시점에서 로봇 자율성은 단적으로 규정될 수 있는 것이 아니라, 일단 어떤 목표가 주어지면 그와의 연관 속에서만 규정될 수 있는 것으로 보인다. 예를 들어 인간이 자율주행과 같은 특정 목표를 인공지능에 부여하면 인공지능은 이러한 목표를 달성하는 과정에서 수단을 선택하는 자율성을 갖게 되는 셈이다.

로봇 자율성의 단계들(LORA)

로봇은 감각, 계획, 행위의 세 과정에서 인간의 개입 없이 스스로 목표를 달성하는 정도에 비례해 더 많은 자율성을 갖게 되는 것으로 생각된다. 그렇다면 이 세 과정에서 자율성의 정도를 세부적으로 규정함으로써 로봇 자율성의 단계들(levels of robot autonomy), 즉 'LORA'를 나눌 수 있게 되는데, 비어는 이를 총 10단계로 제시한다.

이 중 1단계에 해당하는 '수동(manual)'은 인간이 직접 감각, 계획, 통제 전반을 수행하는 경우로, 이 경우에 해당하는 기계는 로봇이 아니라 망치와 같은 단순한 도구다. 8~10단계에 해당하는 상위 단계에서 로봇은 '행위'를 전적으로 맡아 수행하며, '감각'과 '계획' 중 어느 쪽에 부분적으로 인간이 개입하는가에 따라 세부적으로 나뉜다. 비어에 따르면 8단계인 '실행 통제(executive control)'에서는 로봇이 세 가지 역할을 모두 수행하지만, 경우에 따라 인간이 개입해 예를 들면 특정 지역의 주변 환경을 탐색하라는 등의 추상적인 목표를 로봇에게 제시할 수 있다. 9단계인 '감독 통제' 또한 로봇이 세 가지 역할을 모두 수행하지만 인간이 지속적으로 로봇의 작업 수행을 감독하며, 경우에 따라 세 가지 역할과 관련해 개입을 할 수 있는데, 이 경우 로봇 자율성은 8단계 혹은 그 하위 단계로 내려갈 수 있다. 10단계인 '완전한 자율성(full autonomy)'은 인간의 개입이 전혀 없이 로봇이 세 가지 역할을 모두 수행하는 상태로서, 이것이 로봇 자율성의 단계에서 최고로 높은 수준이 된다.

현재 시판되는 자율주행 자동차는 LORA를 기준으로 할 때 7단계 이하에 속하는 수준으로, 인간의 운전을 인공지능이 보조하거나 혹은 특정한 상황에서만 인공지능이 주행을 맡는 식이다. 미국 자동차공학회에서는 자율주행 기술의 등급을 레벨 0에서 5까지로 구분하는데, 현존하는 자율주행 자동차는 레벨 0에서 2 정도의 수준이다. 앞으로 자율주행 자동차가 레벨 5인 '완전 자동(full automation)'에 이르면 차에서 운전대와 페달이 완전히 제거되고, 탑승자는 운전에 전혀 개입하지 않고 목적지만 입력하면 된다. 레벨 5에 해당하는 자율주행 자동차는 LORA에 따라 완전한 로봇 자율성을 갖는 것으로 생각할 수 있을 것이다.

로봇 자율성과 목적 합리성

로봇 자율성은 목적합리성(Zweckrationalität)을 구현하는 것으로 생각된다. 사회학자 막스 베버(Max Weber)에 따르면 목적합리적 행위는 행위자가 자신의 행위를 목적, 수단, 그리고 그 부차적 결과에 정향하는 경우, 그리고 또한 1) 목적과 관련해 그것을 달성하는 수단, 2) 부차적 결과와 관련해 그것을 낳는 목적들, 3) 선택 가능한 여러 목적들, 이렇게 세 가지를 합리적으로 저울질하는 경우에 성립한다(Weber, 1976). 인공지능의 자율성은 인간이 부여한 목적을 달성하기 위해 주변 환경을 '감각'하고, 감각의 내용에 따라 '계획'을 세우며, 그 계획을 '행위'를 통해 실현하는 과정에서 목적합리성을 구현한다. 인공지능이 구현하는 이러한 합리성은 목적합리성 혹은 '도구적 합리성(instrumental rationality)'이라고 부르는 것으로서 경제학의 토대를 이루는 개념이다. 합리적 선택 이론에서 정의되는 바를 따른다면 이러한 합리성이란 행위자에게 주어진 정보를 고려할 때 행위의 결과를 극대화할 수 있는 행위를 선택하는 것이다(Elster, 1986).

목적합리성을 구현하는 합리적 행위자로서 로봇이라는 관념은 인공지능에 대한 공학적 논의에서 중요한 역할을 하고 있다. 컴퓨터 과학자인 스튜어트 러셀(Stuart Russell)과 피터 노빅(Peter Norvig)에 따르면 인공지능에 대한 논의에서 출발점을 이루는 것은 '지능적 행위자(intelligent agent)' 혹은 '합리적 행위자(rational agent)'의 개념인데, 여기서 행위자(agent)는 센서(sensor)를 통해 그것의 환경을 지각하고, 작동기(actuator)를 통해 환경에 대한 어떤 행위(action)를 수행하는 로봇이다. 이러한 인공 행위자가 목적합리성을 구현하는 경우 그것은 합리적 행위자가 된다. 러셀과 노빅은 합리적 행위자로서 인공지능을 '각각의 가능한 지각 계열(percept sequence)에 대해, 그것의 지각 계열 및 그것에 내장되어 있는 지식에 의해 제공되는 증거에 기초해 성과 측정치를 극대화하는 행위를 선택하는 행위자'로 정의하는데, 여기에는 결과의 좋음의 극대화라는 목적합리성의 원리가 반영되어 있다.

참고문헌

Beer, J., et al.(2014). "Toward a Framework for Levels of Robot Autonomy in Human-Robot Interaction", *Journal of Human-Robot Interaction*, Vol. 3, Issue 2, pp. 74-99.

Elster, J.(1986). "Introduction", in: J. Elster(ed.), *Rational Choice*, New York University Press, pp. 1-33.

Russell, S., & Norvig, P.(2016). *Artificial Intelligence: A Modern Approach, 3rd Edition*, Pearson.

Tzafestas, S.(2016). *An Introduction to Robophilosophy*, River Publishers.

Weber, M.(1976). *Wirtschaft und Gesellschaft*, J. C. B. Mohr.

04
인공지능의 자아 없는 자율성

인공지능의 자율성과 인간의 자율성 사이에는 쉽게 좁힐 수 없는 범주적 차이가 존재한다. 인공지능은 자아를 갖지 않으며, 인공지능의 자기 이익이라는 개념도 성립할 수 없기 때문에 스스로를 위해 어떤 목적을 세울 수 없다. 인공지능의 자율성을 이러한 의미에서 '자아 없는 자율성'으로 규정할 수 있다. 인공지능이 자기 이익을 가질 수 없다면 인공지능은 도덕적 지위를 가질 수 없을 것으로 보인다.

AI와 사주?

인공지능의 자율성의 한계

인공지능의 자율성은 주어진 목적에 대해 가장 효율적인 수단을 선택하는 능력에서 목적들 자체를 선택하는 능력으로 확장될 수 있을 것으로 보인다. 수단-목적 연쇄 관계의 하위 단계에서 목적에 해당하는 것이 상위 단계에서는 더 상위의 목적에 대한 수단으로 간주될 수 있다는 점을 고려하면 이러한 생각은 설득력을 갖는다. 예를 들어 자율주행 자동차의 목적은 탑승자를 한 지점에서 다른 지점으로 가능한 한 안전하고 빠르게 이동시키는 것이다. 그런데 이때 탑승자가 이동하는 목적이 치과 방문에 있다면 자동차에 의한 이동은 치과 방문이라는 목적의 수단이 되고, 다시 치과 방문은 치아 건강의 유지라는 목적을 위한 수단이 되는 방식으로, 인간의 목적은 상위 단계에서 수단이 되는 연쇄 관계를 맺고 있다. 따라서 인공지능이 수단-목적 연쇄 관계의 특정 단계에서 가장 효율적인 수단을 선택하는 자율성을 행사하는 방식으로 목적합리성을 구현할 수 있다면, 그것의 사고 수준의 복잡성을 증가시킴으로써 목적의 선택과 관련된 목적합리성을 구현할 수 있을 것이다. 특히 인공지능이 현재의 '협소 인공지능(narrow AI)'을 넘어 '범용 인공지능(general AI)'에 가까워지면 그것은 인간의 인격적 자율성과 유사한 능력을 갖게 될 것처럼 보인다.

하지만 인공지능의 자율성이 이러한 방식으로 인간의 인격적 자율성에 근접해 가더라도 양자 사이에는 쉽게 좁힐 수 없는 간극이 존재한다. 인공지능이 발달해 수단뿐만 아니라 목적에 대한 선택 능력까지 갖게 되더라도 그것이 최종적으로 인간의 목적에만 봉사하도록 되어 있는 한에서 그것은 여전히 도구일 뿐이며, 인간에 대해 독립적인 인격체의 지위를 갖는 것으로 생각될 수 없다. 도덕적 지위를 얻기 위해서는 단순히 목적 선택의 능력을 갖는 것만으로는 부족하며, 그러한 능력을 통해 선택된 목적이 인공지능 그 자체를 위한 목적이어야 한다는 조건이 추가로 충족되어야 하기 때문이다.

인공지능과 자기 이익의 문제

인공지능이 스스로를 위해 어떤 목적을 세울 수 있으려면 인공지능의 '자기 이익(self-interest)'이라는 것이 성립할 수 있어야 한다. 인간과 동물을 비롯한 모든 생물들은 자기 이익을 추구하는 존재자이기 때문에 이러한 존재자들에게는 이익(benefit)을 줄 수도 있고 해악(harm)을 끼칠 수도 있다. 이러한 존재자들은 모두 자기 보존(self-preservation)을 추구하므로, 강제로 이들의 목숨을 빼앗는 것은 명백하게 해악을 끼치는 것에 해당한다. 반면 인공지능에 대해서는 자기 이익이 성립하지 않기 때문에 인공지능의 '이익'이나 인공지능에 가해진 '해악'을 말하는 것은 무의미하다. 인공지능의 자기 이익이 성립하지 않는다면 그것이 하나의 독립된 인격체로서 스스로를 위해 목적을 세우는 것도 가능하지 않으며, 인공지능은 하나의 도구로서 인간의 목적에 봉사할 수밖에 없다. 따라서 인공지능의 자기 이익이 성립하지 않는 한 인공지능의 자율성은 인간의 인격적 자율성과는 범주적으로 다른 것이 된다.

인공지능은 자기 이익을 갖지 않을 뿐만 아니라, '자신' 혹은 '자기'라는 의미의 '자아(self)' 또한 갖지 않는다. 인공지능에게는 '주체(subject)'도 없고, 그에 마주해 있는 것으로서 '객체(object)'도 없다. 주체와 객체의 구별이 이루어지지 않은 상태에서 이루어지는 일종의 작동(operation)이 있을 뿐이며, 주어진 입력값에 대해서 일련의 계산 규칙에 따라 처리해 내놓는 출력값이 있을 뿐이다. 관찰자인 인간의 관점에서는 마치 인공지능이라는 하나의 주체가 스스로 어떤 선택을 내리는 것처럼 보이지만, 작동자인 인공지능의 관점에서는 행위하는 주체도 그에 마주해 있는 객체도 없으며 연산 혹은 처리라는 일련의 작동들만 존재할 뿐이다. 인공지능의 자율성을 이러한 의미에서 '자아 없는 자율성(autonomy without self)'으로 규정할 수 있다. 그것은 자아를 갖지 않기 때문에 자기 이익을 갖지 않으며 자기 보존을 추구하지도 않는다. 인공지능의 전원이 차단되거나 인공지능의 물리적 구성이 파괴되면 일련의 작동들이 중지될 뿐 인공지능에 어떠한 해악도 가해진다고 할 수 없다.

따라서 인공지능이 자기 이익을 가질 수 없다면 인공지능은 도덕적 고려의 대상이 될 수 없으며, 도덕적 지위를 가질 수 없다. 존 배슬(John Basl)과 조지프 보웬(Joseph Bowen)은 이러한 주장을 권리에 대한 이익 이론(the interest theory of rights)에 기초해 논증한다(Basl & Bowen, 2020). 이 이론에 따르면 권리의 요체는 권리 담지자의 이익을 보호하는 것, 즉 권리 담지자의 복지가 훼손되지 않게 하는 것에 있다. 예를 들어 사람들이 살해당하지 않을 권리, 고문당하지 않을 권리를 갖는 것은 살해와 고문 행위가 사람들에게 극심한 해악을 끼치고 그들의 복지를 크게 훼손하기 때문이다. 그런데 현존하는 인공지능에 대해서는 이익이나 복지의 개념이 성립할 수 없기 때문에, 그것은 권리를 가질 수 없으며 도덕적 고려의 대상이 될 수 없다는 것이 이들의 주장이다.

인공지능의 자아 없는 자율성의 귀결

인공지능의 도덕적 지위에 대한 그동안의 논의들은 인공지능이 자기 이익을 갖는 존재자라는 점을 암암리에 전제해 온 것으로 보인다. 이를 잘 보여 주는 것이 인공지능의 노예화에 대한 논쟁이다. 인공지능의 노예화를 반대하는 데이비드 건켈(David Gunkel)은 인공지능을 도구로 보는 관점이 인공지능이라는 새로운 노예 계급을 양산하고 그것을 정당화할 수 있다고 우려하는 반면, 인공지능의 노예화를 찬성하는 조애나 브라이슨(Joanna Bryson)은 인간이 로봇을 노예화하고 도구로 다룰 정당한 권리를 갖는다고 주장한다(Gunkel, 2012; Bryson, 2010). 그러나 인공지능에는 노예의 개념이 적용될 수 없다는 점에서 이러한 두 가지 주장은 모두 방향을 잘못 잡은 것으로 생각된다. 노예화라는 것이 성립하려면 노예화된 존재자는 노예화가 이루어지지 않았을 경우 자신의 삶을 영위하면서 자기 이익을 추구할 수 있어야 한다. 노예화는 이러한 존재자의 이익을 침해하고 강제로 다른 존재자의 이익에 봉사하도록 할 때 성립한다. 동물은 인간과 무관하게 자신의 삶을 영위할 수 있고 자기 이익을 추구하는 존재자이므로 동물에 대해서는 노예화가 성립할 수 있다. 반면 인공지능은 이러한 존재자가 아니므로 인공지능의 노예화는 성립하지 않는다.

인공지능의 자기 이익이 성립하지 않는다면 그것에 도덕적 지위를 부여하지 않는 것은 종차별주의라는 비판 또한 힘을 잃게 된다. 종차별주의는 동물 해방에 대한 피터 싱어의 논의에서 등장한 것으로서, 이익(interests)에 대한 평등 고려라는 공리주의의 원칙에 토대를 두고 있다. 이 원칙에 따르면 우리는 도덕적 숙고 과정에서 우리의 행위에 영향을 받게 될 모든 존재자의 이익을 동등하게 고려해야 한다(Singer, 2011). 이러한 원칙은 합리적 근거 없이 어떤 존재자의 이익을 더 혹은 덜 고려하는 것, 예컨대 인종, 나이, 성별, 계층 등의 특징에 따라 존재자들의 이익을 불평등하게 고려하는 것을 금지한다. 싱어는 이러한 원칙을 모든 인간에게 적용하는 것에서 더 나아가 인간이 아닌 동물에게까지 확장하며, 인간이라는 특정한 종에 속한다는 이유만으로 동물의 이익보다 인간의 이익을 더 중요하게 고려한다면 종차별주의를 범하게 된다고 본다. 만약 이러한 생각이 인간과 동물을 비롯한 자연종(natural kinds)을 넘어 인공지능을 포함하는 인공종(artificial kinds)으로 확장될 수 있다면, 인공지능에 도덕적 지위를 부여하지 않는 것은 일종의 종차별주의라는 비판이 성립하게 된다. 그러나 이익에 대한 평등 고려의 원칙이 자기 이익이라는 것을 가질 수 있는 존재자에게만 적용될 수 있음은 명백하다. 따라서 인공지능에 대한 종차별주의는 성립할 수 없다.

참고문헌

Basl, J., & Bowen, J.(2020). "AI as a Moral Right-Holder", in: M. Dubber et al.(eds.), *The Oxford Handbook of Ethics of AI*, Oxford University Press, pp. 289-306.

Bryson, J.(2010), "Robots Should Be Slaves", in: W. Yorick(ed.), *Close Engagements with Artificial Companions*, John Benjamins, pp. 63-74.

Gunkel, D.(2012), *The Machine Question*, The MIT Press.

Singer, P.(2011), *Practical Ethics, 3rd edition*, Cambridge University Press.

05
인공지능은 자기 이익을 가질 수 있는가?

인공지능은 자기 이익을 가질 수 없기 때문에 도덕적 지위를 부여받을 수 없다는 주장에 대해서는 두 가지 반론이 제기될 수 있는데, 하나는 인공지능 일반의 미래의 가능성에 기초한 반론이고, 다른 하나는 자기 이익을 갖는 인공지능의 설계 가능성에 기초한 반론이다. 전자는 미래에 대한 한갓 추측을 표현한다는 점에서 논박 불가능한 대신 공허하다고 할 수 있으며, 후자는 생물의 자기 이익의 추구를 인공지능을 통해 기계공학적으로 모방하는 수준에 머무르는 것으로 보인다.

AI와 아이돌?

미래의 인공지능과 자기 이익의 문제

인공지능은 자기 이익을 가질 수 없기 때문에 도덕적 지위를 부여받을 수 없다는 주장에 대해서는 두 가지 반론이 제기될 수 있는데, 하나는 인공지능 일반의 미래의 가능성에 기초한 반론이고, 다른 하나는 자기 이익을 갖는 인공지능의 설계 가능성에 기초한 반론이다.

인공지능에 대한 논의에서 '인공지능은 A를 할 수 없다'라는 주장이 제시될 경우 이에 대한 가장 일반적인 유형의 반응은 '현존하는 인공지능은 A를 할 수 없지만, 앞으로 인공지능이 발달하면 미래에는 A를 할 수 있을지도 모른다'라고 반론하는 것이다. 이러한 유형의 반론을 '인공지능 일반의 미래의 가능성에 대한 선험적 논변'으로 규정할 수 있다. 이러한 논변은 언뜻 설득력이 있는 것으로 보이지만, 인공지능에 대한 논의 전반에 부정적인 영향을 끼칠 수도 있기 때문에 주의할 필요가 있다.

이러한 논변의 핵심은 '미래에는 A를 할 수 있는 인공지능이 등장할지도 모른다'라는 문장으로 나타낼 수 있다. 이때 이 문장에 나타난 '…지도 모른다'라는 표현이 갖는 특수성에 주목해 볼 필요가 있다. 이 표현이 나타나는 것은 지금까지 한 번도 현실화된 적이 없는 미래의 가능한 상태(A를 할 수 있는 인공지능)에 대한 추측이다.

따라서 이 표현은 예를 들어 '열이 많이 나는 것을 보니 감기에 걸렸을지도 모른다'라는 문장의 '…지도 모른다'와는 성격이 다르다. 후자의 '…지도 모른다'는 이미 여러 번 현실화된 바 있는 가능한 상태(감기) 및 이 상태와 인과 관계를 맺을 수 있는 상태(열)에 대한 추측을 나타낸다. 이 때문에 이러한 추측은 경험적이고 과학적인 방법을 통해 입증(confirm)하거나 반입증(disconfirm)하는 것이 원리적으로 가능하다. 반면 '…지도 모른다'라는 표현이 지금까지 한 번도 현실화된 적이 없는 미래의 가능한 상태에 대한 추측을 나타내는 경우, 이러한 추측은 경험적이고 과학적인 방법을 통해 입증되거나 반입증되기 어렵다. 경험적이고 과학적인 방법은 지금까지 현실화된 바 있는 상태들에 대한 귀납에 기초해 있는 경우가 많기 때문이다. 따라서 인공지능에 대한 논의에 이러한 유형의 '…지도 모른다'에 기반한 추측을 도입하면, 논의는 암암리에 경험적이고 과학적으로 검증 가능한 것의 영역을 떠나 사변적이고 선험적인 것의 영역으로 들어서게 된다.

이 때문에 '미래에는 A를 할 수 있는 인공지능이 등장할지도 모른다'라는 주장을 반박하는 것은 상당히 어려운 일이 된다. 'A를 할 수 있는 인공지능'의 불가능성을 논증하는 방법으로 생각해 볼 수 있는 것에는 두 가지가 있는데, 하나는 'A를 할 수 있는 인공지능'의 개념에 논리적 모순이 있음을 보이는 것이고, 다른 하나는 'A를 할 수 있는 인공지능'이 물리 법칙에 위배됨을 보이는 것이다(고인석, 2018). 그러나 'A를 할 수 있는 인공지능'이 개념적으로 논리적 모순을 포함하거나 물리 법칙과 직접 충돌하는 경우는 거의 없다. 이러한 두 가지 방법을 쓰지 않고 위의 주장을 반박하려면 미래에 등장할 수도 있는 모든 인공지능의 근본적인 한계를 어떻게든 이론적으로 증명하는 수밖에 없다. 그러나 시간, 공간의 측면에서 분명한 제한도 없고, 앞으로 등장할 인공지능의 물리적 구성이 어떻게 될지 알 수 없는 상태에서 그것의 한계를 증명하는 것은 가능하지 않다.

이러한 분석은 '미래에는 A를 할 수 있는 인공지능이 등장할지도 모른다'라는 주장을 반박하는 것이 사실상 불가능하다는 점을 보여 준다. 하지만 이러한 논박 불가능성은 이 주장이 공허하기 때문에, 즉 인지적 내용을 거의 담고 있지 않은 한갓 추측을 표현하기 때문에 성립하는 것이다. 이 때문에 이 주장의 'A'의 자리에 무엇을 대입하더라도 이 주장은 사실상 논박 불가능한 것이 된다. 또한 '앞으로 A를 할 수 있는 인공지능이 결코 등장하지 않을지도 모른다'라는 문장에 대해서도 동일한 논박 불가능성이 성립한다. 이렇게 서로 대립하는 것처럼 보이는 '…지도 모른다'와 '…지 않을지도 모른다'라는 두 가지 추측 중 어느 쪽을 받아들일지는 결국 미래에 대한 개인의 믿음 혹은 신념에 의해 결정되는 문제가 된다.

따라서 인공지능에 대한 논의를 합리적으로 논증 가능한 것의 영역, 그리고 경험적이고 과학적인 방법으로 검증 가능한 영역 안에서 전개하기 위해서는 미래에 대한 한갓 추측에 기반한 논변은 가급적 배제할 필요가 있다. 이러한 추측성 논변은 실현될 수도 있고 실현되지 않을 수도 있는 미래에 대한 상상을 내세워 현재를 희생시키는 경향이 있다(Boddington, 2017; 손화철, 2018). 이 경우 인공지능에 대한 논의는 구체적인 아키텍처 및 물리적 구성을 갖는 인공지능이 아니라, 미래에 존재할 수도 있는, 혹은 미래에 존재했으면 하는 상상의 인공지능에 초점을 맞추게 된다.

자기 이익을 구현하는 인공지능의 설계

인공지능에 자아, 자기 보존, 자기 이익 등이 결여되어 있고 이것이 인공지능의 근본적인 한계를 이룬다는 인식이 확산됨에 따라 현존하는 인공지능의 물리적 구성에 기초해 이러한 속성들을 구현하려는 시도가 나타나고 있다. 이러한 맥락에서 존스튜어트 고든(John-Stuart Gordon)은 인공지능에는 자기 보존이라는 자연적 본능(natural instinct)이 없기 때문에 도덕적 고려의 대상이 될 수 없다는 주장에 대해, 인공지능에 자기 보존의 '인공적 본능(artificial instinct)'을 프로그램해서 넣으면 그만이라는 반론을 제기한다(Gordon, 2020).

여기서는 항상성(homeostatis)을 유지하려는 유기체의 자기 보존 본능을 로봇에 물리적으로 구현하려는 킹슨 맨(Kingson Man)과 안토니오 다마지오(Antonio Damasio)의 시도를 검토해 봄으로써 이러한 접근이 성공적일 수 있는지를 따져 보고자 한다. 맨과 다마지오는 '느낌을 갖는 기계(feeling machine)'를 고안하는 것을 목표로 하고 있다. 이들은 생물과 기계 사이의 근본적인 차이점을 지적하는 것으로 논의를 시작한다(Man & Damasio, 2019). 이들에 따르면 생물이 갖는 느낌(feeling)은 해체와 부패라는 자연적 경향성으로부터 생물이 스스로를 끊임없이 보호하고 유지해 가는 과정에서 생겨난 것이다. 반면 기계의 작동은 항상 기계가 물리적으로 현존해 있음을 전제한다. 기계의 물리적 현존에 문제가 생길 경우 그것은 대부분 인간의 개입을 통해 해소

되며, 기계 자체의 작동을 통해 해소되는 경우는 드물다. 그러므로 생물과 달리 기계에는 '자기생산(autopoiesis)'의 개념이 적용될 수 없으며, 이 때문에 기계에는 자기 보존의 본능이 없고 느낌도 결여되어 있다. 이것이 개선되기 위해서는 그 자체의 상태를 인지하고 항상성을 유지하는 기능이 프로그램되어 있는 로봇이 필요한데, 맨과 다마지오는 소프트 로보틱스(soft robotics) 기술에 기반해 구축된 인간과 유사한 감각 센서들 및 인간의 신경망을 모방해 항상성을 추구하도록 설계된 중앙 연산 체계 등을 통해 이를 구현하고자 한다.

인간을 비롯한 생물 일반의 항상성 유지 체계를 모방한 인공지능 및 로봇 시스템을 구축하는 것은 기술적으로 충분히 가능할 것으로 생각된다. 하지만 이러한 시스템들은 생물의 자기 보존 및 자기 이익의 추구를 실제로 구현했다기보다는 기계공학적으로 유사하게 모방하는 것에 머물러 있는 것으로 보인다. 맨과 다마지오의 '느낌을 갖는 기계'의 항상성 유지는 그것을 외부에서 관찰하는 인간의 관점에서만 자기 보존과 유사한 것으로 보일 뿐, 실제로 인공지능이 수행하고 있는 것은 일련의 입력값들을 처리 규칙에 따라 연산해 출력값을 내놓는 작업일 뿐이다. 로봇에 탑재된 인공지능의 관점에서는 그것의 '내부'에 속하는 입력값들, 즉 그것의 물리적 구성과 연관되어 있으며 항상성 유지에 직결되는 입력값들과, 그러한 성질을 갖지 않는다는 점에서 그것의 '외부'에 속하는 입력값들 사이에 아무런 범주적 구분이 없을 것이다. 그렇다면 맨과 다마지오의 로봇은 생물의 자기 보존이나 느낌을 그대로 구현했다기보다는, 그와 연관된 물리적 구성을 일정 정도 기계공학적으로 모방하는 수준에서 그치고 있는 셈이다.

참고문헌

고인석(2018). "인공지능이 자율성을 가진 존재일 수 있는가", 이중원 편, 『인공지능의 존재론』, 한울아카데미, pp. 81-116.

손화철(2018). "인공지능 시대의 과학기술 거버넌스", ≪철학사상≫, 제68권, pp. 267-299.

Boddington, P.(2017), *Towards a Code of Ethics for Artificial Intelligence*, Springer.

Gordon, J.-S.(2020). "What Do We Owe to Intelligent Robots?", *AI & Society*, Vol. 35, pp. 209-223.

Man, K., & Damasio, A.(2019), "Homeostasis and Soft Robotics in the Design of Feeling Machines", *Nature Machine Intelligence*, Vol. 1, pp. 446-452.

06
인공지능의 도덕적 지위와 현상적 의식

도덕적 지위에 대한 감성주의의 입장에 따르면 현상적 의식은 어떤 존재자가 도덕적 지위를 갖기 위한 필요조건을 이룬다. 이러한 감성주의의 관점에서 보면 현존하는 인공지능을 비롯해 현상적 의식을 결여하는 존재자들은 도덕적 지위를 갖지 못하게 된다. 하지만 미래에 현상적 의식을 갖는 인공지능이 등장한다면, 이러한 인공지능은 감성주의에 따라 도덕적 지위를 부여받을 가능성이 있다.

AI와 야구?

인공지능과 감성주의

도덕적 지위에 대한 감성주의(sentientism)의 입장에 따르면 현상적 의식은 어떤 존재자가 도덕적 지위를 갖기 위한 필요조건을 이룬다(Siewert, 1998; DeGrazia, 2012; Shepherd, 2018). 현상적 의식을 갖지 않는 존재자는 도덕적 지위를 가질 수 없다는 것이다. 현상적 의식을 갖는 존재자를 '감성적 존재자(sentient being)'라고 부를 수 있다. 감성적 존재자는 세계에 대한 주관적 경험을 할 수 있고, 경험 과정에서 긍정적 느낌 혹은 부정적 느낌을 가질 수 있으며, 그에 따라 필요나 이해관심을 가질 수 있고, 종합적으로 어떤 특정한 복지 상태에 있을 수 있다.

이러한 감성주의의 관점에서 보면 인간과 동물은 감성적 존재자로서 도덕적 지위를 갖는 반면 현존하는 인공지능을 비롯해 현상적 의식을 결여하는 비감성적 존재자들은 도덕적 지위를 갖지 못하게 된다. 하지만 미래에 현상적 의식을 갖는 인공지능이 등장한다면, 이러한 인공지능은 감성주의에 입각해 도덕적 지위를 부여받을 가능성이 있다. 최근 인공지능의 도덕적 지위에 대한 속성론적 입장은 이러한 감성주의로 수렴하는 경향을 보이고 있다(Johnson & Verdicchio, 2018; Liao, 2020; Rajakishore & Sahu, 2020; Andreotta, 2021; Mosakas,

2021; Müller, 2021; Gibert & Martin, 2022).

접근 의식과 현상적 의식

감성주의에서 말하는 '현상적 의식' 개념은 심리철학자 네드 블록(Ned Block)의 접근 의식(access-consciousness)과 현상적 의식(phenomenal consciousness)의 구분에 기초해 있다(Block, 1997). 블록에 따르면 전자(접근 의식)는 인과적, 기능적, 인지적 관점에서 설명 가능한 의식의 측면이고 후자(현상적 의식)는 그러한 기능적 설명이 불가능한 의식의 질적이고 현상적인 측면을 가리킨다.

이 두 의식의 차이를 직관적으로 이해하는 방법 중 하나는 심리철학자 데이비드 차머스(David Chalmers)의 철학적 좀비 논변을 살펴보는 것이다(Chalmers, 1996). 차머스에 따르면 우리 세계와 외견상 동일하지만 현상적 의식의 경험이 완전히 결여되어 있는 좀비 세계, 즉 모든 인간 및 동물이 철학적 좀비가 된 세계를 상상하는 것이 논리적으로 가능하다. 우리 세계에 살고 있는 임의의 한 사람에게 '갑'이라는 이름을 붙이고 좀비 세계에서 그에 대응하는 존재자에 '갑z'라는 이름을 붙인다면, 갑과 갑z는 접근 의식의 측면에서는 동일하다고 할 수 있다. 따라서 만약 누군가 우리 세계의 현상적 의식을 갖는 갑을 제거하고 현상적 의식을 갖지 않는 갑z로 바꾸어 놓는다고 하더라도 외견상 달라지는 것은 없다. 갑z는 갑이 했을 만한 방식으로 말하고 행동하며 똑같이 살아갈 것이다. 하지만 갑과 달리 갑z는 현상적 의식을 결여하기 때문이 아무런 내적 경험을 갖지 않으며, 이러한 의미에서 철학적 좀비에 불과하다.

차머스의 철학적 좀비 개념에 기반한 이러한 사고 실험에서 주목해 볼 만한 점은, 만약 갑이 좀비 세계로 납치되어 갑z를 대체하게 된다면, 따라서 좀비 세계에 존재하는 유일한 현상적 의식의 소유자가 된다면 갑이 그 세계에 있는 다른 좀비들에게 무슨 짓을 하든 비도덕적 행위가 되지 않는 것으로 생각된다는 점이다. 예를 들어 갑이 잠을 자는 사이에 압도적인 기술력을 갖춘 외계인들이 갑을 납치해 갑을 제외한 모든 인간 및 동물이 인공지능 기반의 안드로이드로 대체된, 우리 세계와 외견상 똑같은 좀비 세계로 데려갔다고 하자. 갑이 이러한 사실을 알고 그러한 좀비 세계를 자폭시켜 모든 안드로이드를 파괴했다고 하더라도 아무런 도덕적 문제도 발생하지 않을 것으로 보인다. 이러한 행위는 부당하게 납치된 자가 납치범의 기물을 파손한 것 이상의 어떤 도덕적 의미를 갖지 않기 때문이다.

이러한 사고 실험은 도덕적 지위와 현상적 의식 사이에 개념적으로 긴밀한 연관 관계가 성립할 가능성을 시사한다. 어떤 존재자가 도덕적 지위를 갖는다면 우리는 그러한 존재자의 필요, 이해관심, 복지를 중요하게 고려할 도덕적 책무를 갖는다. 그런데 어떤 존재자가 필요, 이해관심, 복지를 갖기 위해서는 현상적 의식을 가져야 할 것으로 보인다. 이러한 관점에서 보면 차머스의 철학적 좀비가 도덕적 지위를 갖지 않는 이유는 그것에 현상적 의식이 결여되어 있기 때문이라고 할 수 있다.

어떤 사람의 접근 의식을 인공지능을 이용해 똑같이 복제하고, 그 사람을 외형상 완벽하게 구현하는 로봇에 그러한 인공지능을 탑재해 그 사람과 겉보기에 똑같이 말하고 행동하는 안드로이드를 만들어 낸다고 하더라도, 그것이 그에 상응하는 현상적 의식을 갖지 않는 한 그것은 철학적 좀비로서 도덕적 지위를 갖지 않는 자동기계(automaton)에 불과할 것이다. 그러한 자동기계를 총으로 위협하면 겉보기에는 사람과 똑같이 두려워하는 모습을 보이고 살려 달라고 말할 수도 있지만, 그것을 파괴하면 컴퓨터의 전원을 끄는 것과 마찬가지로 일련의 기계 작동이 정지될 뿐 어떠한 도덕적 해악도 발생하지 않을 것이다.

이러한 생각이 타당하다면, 어떤 존재자에게 도덕적 지위를 부여하기 위한 필요조건을 이루는 것은 접근 의식이 아니라 현상적 의식이라고 할 수 있다. 이는 도덕적 지위에 대한 우리의 일반적인 직관에 부합하는 것으로 보인다. 언어 능력의 구현이라는 측면에서 볼 때 챗GPT와 같은 현존하는 대형 언어 모델은 모든 동물보다 우위에 있으며 심지어 언어 능력의 특정 측면에서는 모든 인간보다도 우위에 있다. 하지만 이 때문에 그것에 도덕적 지위가 부여되지는 않는다. 반면 개나 고양이와 같은 동물들은 대형 언어 모델만큼 언어를 잘 처리하지는 못하지만 그럼에도 분명 도덕적 지위를 갖는다. 왜냐하면 그들은 현상적 의식을 갖기 때문에, 그리고 인간과 마찬가지로 쾌락과 고통을 느낄 능력을 갖기 때문이다.

인공지능과 현상적 의식

현존하는 인공지능은 현상적 의식을 구현하지 못하며, 오늘날 이루어지고 있는 인공지능에 대한 연구는 현상적 의식의 구현을 목표로 삼지 않는다(Russell, 2019). 따라서 감성주의의 관점에서 볼 때 머지않은 미래에 도덕적 지위를 갖는 인공지능이 등장할 가능성은 크지 않다고 할 수 있다. 하지만 인공지능이 도덕적 지위를 갖게 될 가능성을 감성주의가 원리적으로 배제하는 것은 아니다. 1921년에 초연된 카렐 차페크(Karel Capek)의 희곡 〈로좀 유니버설 로봇(R. U. R.)〉 이후 백여 년이 넘게 사이언스 픽션의 고전적 주제이자 일종의 클리셰가 되어 버린, 인간의 의식을 접근 의식과 현상적 의식의 두 측면에서 완벽하게 구현하는 인공지능, 예컨대 HBO의 드라마인 〈웨스트월드〉(2016)에 등장하는 '호스트'와 같은 인공지능이 등장한다면, 이러한 인공지능에는 인간과 동등한 수준의 도덕적 지위가 부여되어야 한다는 것이 감성주의의 입장이다(Gibert & Martin, 2022). 같은 이유에서 만약 인간과 동일한 수준은 아니지만 동물에 준하는 현상적 의식을 갖는 인공지능이 등장한다면, 이러한 인공지능 또한 감성주의에 입각해 동물에 준하는 도덕적 지위를 부여받을 수 있다.

현상적 의식을 갖는 인공지능에만 도덕적 지위를 부여할 수 있다면, 차머스가 말하는 의식의 '어려운 문제(hard problem)', 즉 두뇌의 특정한 물리화학적 상태가 어떻게 특정한 주관적 경험을 생겨나게 하는가의 문제를 해명하는 것이 인공지능에 도덕적 지위를 부여하기 위한 선행 조건을 이루게 된다(Andreotta, 2021). 인공지능이 발달 과정에서 저절로 의식을 갖게 될 수 있다는 맹목적인 창발론에 의존할 것이 아니라면, 인공지능이 현상적 의식을 가질 수 있도록 인간이 의도적으로 설계하는 수밖에 없을 것이다(Griffiths, 2024).

참고문헌

Andreotta, A.(2021). "The Hard Problem of AI Rights", *AI & Society*, Vol. 36, pp. 19-32.

DeGrazia, D.(2012). "Genetic Enhancement, Post-Persons and Moral Status: A Reply to Bucahnan", *Journal of Medical Ethics*, pp. 135-139.

Gibert, M. & Martin, D.(2022). "In Search of the Moral Status of AI", *AI & Society*, Vol. 37, pp. 319-330.

Griffiths, M.(2024). "Is LaMDA Sentient?", *AI & Society*, Vol. 39, pp. 817-818.

Johnson, D. & Verdicchio, M.(2018). "Why Robots Should Not Be Treated Like Animals", *Ethics and Information Technology*, Vol. 20, pp. 291-301.

Liao, S.(2020). "The Moral Status and Rights of Artificial Intelligence", in: S. Liao(ed.), *Ethics of Artificial Intelligence*, Oxford University Press, pp. 480-503.

Mosakas, K.(2021). "On the Moral Status of Social Robots", *AI & Society*, Vol. 36, pp. 429-443.

Müller, V.(2021). "Is It Time for Robot Rights? Moral Status in Artificial Entities", *Ethics and Information Technology*, Vol. 23, pp. 579-587.

Rajakishore, N. & Sahu, V.(2020). "The Problem of Machine Ethics in Artificial Intelligence", *AI & Society*, Vol. 35, pp. 103–111.

Russell, S.(2019). *Human Compatible*, Viking Press.

Shepherd, J.(2018). *Consciousness and Moral Status*, Routledge.

Siewert, C.(1998). *The Significance of Consciousess*, Princeton University Press.

07
인공지능과 기능주의

기능주의에 따르면 심적 속성의 핵심을 이루는 것은 어떤 특정한 기능, 즉 그것이 인과적 매개자의 역할을 하는 입력-출력 관계다. 이러한 기능주의는 현상적 의식을 갖지 않는 인공지능에 도덕적 지위를 부여할 수 있다고 보는 입장들의 공통의 기반을 이루고 있다. 그러나 그것은 기능의 개념을 적절하게 규정할 수 없다는 점, 그리고 인간의 마음과 같이 본질적으로 비(非)도구적인 존재자에게 적용되기 어렵다는 점에서 한계를 갖는 것으로 보인다.

AI와 윤동주?

의식에 대한 기능주의적 관점과 인공지능

기능주의(functionalism)는 심리철학에서 마음(mind), 혹은 좀 더 정확히 표현하면 심적 속성(mental property)의 본성을 설명하기 위해 등장한 입장이다. 이 입장을 최초로 정식화한 힐러리 퍼트넘(Hilary Putnam)에 따르면 기능주의란 심적 속성을 뇌의 '기능적 상태들(functional state)', 즉 계산적 매개 변수들 + 생물학적으로 규정된 입력(input)과 출력(output)에 의해 규정되는 관계들로 정의되는 속성들로 간주하는 입장으로 정의할 수 있다(Putnam, 1991). 기능주의에 따르면 심적 속성의 핵심을 이루는 것은 그와 연관된 현상적 의식의 구체적인 내용이나 그 작동 기전을 이루는 물리적 기반이 아니라 어떤 특정한 기능(function), 즉 그것이 인과적 매개자의 역할을 하게 되는 특정한 입력-출력 관계다. 따라서 심적 속성은 그 기능이 구현되는 한에서는 물리적 구성과 상관없이 실현가능한 것이 되는데, 이를 심적 속성의 복수 실현 가능성(multiple realizability)이라고 한다. 예를 들어 고통이라는 심적 속성은 그것의 기능, 즉 고통을 발생시키는 전형적인 입력값(유기체의 조직 손상, 외상 등)과 고통에 의해 발생되는 전형적인 출력값(신음, 움츠림 등) 사이의 인과적 매개가 일어나는 한에서 그 기반을 이루는 물리적 구성이 인간이나 동물처럼 유기체이든 아니면 인공지능의 탑재한 로봇처럼 기계이든 상관없이 복수 실현된다고 할 수 있다(Kim, 2011).

현상적 의식을 갖지 않는 인공지능에 도덕적 지위를 부여할 수 있다고 보는 입장들은 거의 예외 없이 기능주의를 수용하는 것으로 생각된다. 이러한 입장들이 기능주의를 받아들이는 방식에는 크게 다음 두 가지가 있다. 하나는 속성론적 관점에서 기능주의적으로 구현된 의식을 도덕적 지위의 부여 기준을 이루는 속성으로 삼는 것이다. 이러한 입장을 따르는 심리철학자인 폴 처치랜드(Paul Churchland)에 따르면 만약 기계들이 인간의 모든 내적인 인지 활동을 기능적 수준의 마지막 세부 사항에 이르기까지 시뮬레이트(simulate)하는 경우, 그들에게 인간과 동등한 도덕적 지위를 부여하지 않는 것은 새로운 형태의 인종주의(racism)에 불과하다(Churchland, 2013).

다른 하나는 관계론적 관점에서 인공지능에 의한 접근 의식의 기능주의적 복수 실현을 그것에 도덕적 지위를 부여하기 위한 하나의 선결 조건으로 삼는 것이다. 인간이 인공지능을 도덕적 지위를 갖는 존재자로 대우하는 것이 사회적 관행으로 자리잡으려면 일단 그것이 겉보기에는 인간에게 도덕적 지위를 갖는 존재자로 느껴질 필요가 있다. 이는 인공 친밀성(aritificial intimacy), 즉 인간의 친밀 관계에 대한 욕구를 만족시키기 위해 만들어진 인공물과 인간의 관계성의 문제와 직접적으로 연관된다(Brooks, 2021). 예를 들어 2017년에 개봉한 SF 영화 〈블레이드 러너 2049〉에 등장하는 인공지능 홀로그램인 조이와 같은 인공 반려자(artificial companion)가 사회 전반에 걸쳐 일반화되고, 사람들이 이러한 인공 반려자를 겉보기에 하나의 독립된 인격체인 것처럼 느끼게 된다면, 그 경우에는 이러한 인공지능에 도덕적 지위를 부여하는 것이 일종의 사회적 관행으로 자리 잡을 수도 있다. 이러한 것이 현실화되기 위한 중요한 선결 조건 중 하나는 그러한 인공지능이 일반적인 관점에서 하나의 인격체처럼 느껴질 정도로 접근 의식을 기능주의적 관점에서 복수 실현하는 것이다.

방만한 기능주의의 문제

심적 속성을 기능주의의 방식으로 복수 실현하고자 할 경우 관건은 실현하고자 하는 기능을 구체적으로 어떻게 규정해야 하는가가 된다. 그런데 이에 대한 일반적인 합의는 존재하지 않는 것으로 보인다(노형래, 2021). 그

결과 기능주의는 다음과 같은 딜레마에 처하게 된다(Shapiro, 2000; 신상규, 2010). 기능의 복수 실현 가능성을 유지하기 위해서 관련 기능을 추상적이고 일반적인 방식으로 개념화하면 방만한 기능주의, 즉 모든 인과적 역할을 심적 속성의 표지로 간주하게 되는 심성의 편재성, 보편성에 대한 주장으로 귀결된다(한우진, 2011). 예를 들어 의식의 본질을 '계산(computation)'이라는 추상적인 개념을 통해 규정한다고 하자. 이 경우에는 고차원적인 인공지능은 물론 기초적인 수준의 계산기나 심지어 자동판매기도 넓은 의미에서 '계산'이라는 기능을 복수 실현한다는 점에서 의식을 갖는 것으로 생각될 수 있는데, 복수 실현이 이렇게 방만하게 이해되면 그것은 내용상 공허한 것이 된다.

그렇지만 이를 피하기 위해 관련 기능을 너무 구체적이고 특수한 방식으로 개념화하면 복수 실현이 불가능해진다. 예를 들어 인류 역사의 시작부터 함께해 온 활을 생각해 보자. 활의 기능을 '투사체의 발사'로 넓게 개념화하면 장난감 활은 물론 총, 대륙간 탄도탄 미사일 등 뭔가 투사체를 멀리 날려 보내는 모든 도구는 활을 복수 실현하게 된다. 반면 활의 기능을 '나무와 금속 등의 몇 가지 한정된 재료로 구성될 것', '활의 일반적인 구조를 만족시킬 것', '200m 밖에서 풀 플레이트 아머를 관통할 수 있을 것' 등등의 조건들의 연언으로 구체화하면 할수록 활의 기능과 그것을 구현하는 재료, 메커니즘 사이에 점차 필연적인 연관 관계가 발생하고 그러한 활을 다양한 물리적 구성에 기반해 복수 실현하는 것은 점점 어려워진다. 심적 속성의 기능주의에서 기능을 이렇게 협소하게 해석할 경우 인간과 유사한 물리적 구성을 요구하는 것으로 이어지고 종국에는 현존하는 인간과는 다른 물리적 구성을 통해 인간의 의식을 복수 실현하는 것은 불가능하다는 결론에 도달할 가능성이 높다.

이러한 문제 제기에 대해 기능주의자는 기능에 대한 추상적 해석과 구체적 해석 중 어느 한쪽으로 치우치지 않고 중간 수준에서 적절한 균형점을 찾으면 된다고 답변할 수도 있다. 하지만 의식의 기능주의적 복수 실현이 기능의 추상성과 구체성의 어떤 최적점을 발견함으로써 해결되는 문제로 생각되지는 않는다. 기능에 대한 어떠한 해석을 선택하든 그러한 선택은 임의적 결단의 성격을 갖게 된다. 그렇다고 이 문제가 그에 대한 어떤 사회적 합의를 이룸으로써 해결될 만한 것도 아니다. 어떤 존재자가 의식을 갖는가 아닌가는 객관적으로 결정되어야 할 명제적 진리의 문제이지, 사회 구성원들 간에 어떤 합의점이나 타협점에 도달함으로써 사회적으로 약정될 수 있는 것이 아니기 때문이다.

비(非)도구적 존재자와 기능주의

기능의 복수 실현 가능성은 도구에 적용될 경우에는 문제를 크게 발생시키지 않는다. 도구는 그것의 기능 외에는 별다른 본질을 갖지 않는 것으로 생각될 수 있기 때문이다. 예를 들어 '사람이 편하게 앉을 수 있음'이 의자라는 도구의 기능이라면, 이 기능이 적절하게 구현되는 한에서 의자의 물리적 구성이나 그것을 이루는 재료 등은 어떻게 되어 있든 별 상관이 없다. 이 경우 복수 실현되는 도구의 기능이 정확히 어떻게 해석되어야 하는가의 문제는 그것이 놓여 있는 세계 내의 사용 연관을 고려함으로써 자연스럽게 풀려 나가게 된다.

반면 기능 개념은 인간의 마음처럼 본질적으로 비(非)도구적인 존재자에는 적용되기 어려운 것으로 보인다. 마음의 '기능'이 무엇인가? 이러한 물음에 대해 기능주의자는 그것의 기능은 고통과 같은 A, B, C, D, … 등의 일련의 심적 상태들('기능적 상태들')의 연언으로 제시될 수 있다고 답변할 것이다. 하지만 마음의 여러 상태들을 그것의 '기능'으로 규정하는 것은 적절하지 않은 것 같다. 기능주의의 이러한 관점은 마음을 암암리에 어떤 기능들의 묶음을 구현하는 일종의 도구로 환원한다. 예를 들어 마음이 사무용 복합기와 같은 것이라면 그것의 기능은 인쇄, 복사, 스캔 등의 묶음으로 분명하게 규정될 수 있을 것이고, 그러한 각각의 기능은 다시 인쇄기, 복사기, 스캐너 등에 의해 복수 실현될 수 있을 것이다. 하지만 마음은 이러한 도구가 아니기 때문에, 마음에 대한 기능주의적 관점은 해석의 문제를 발생시키게 된다.

이 점을 좀 더 분명하게 파악하기 위해 또 다른 본질적으로 비도구적 존재자인 개를 예로 들어 보자. 개도 맥락에 따라 일종의 도구로 파악될 수 있다. 개는 애완동물, 경비견, 안내견 등의 다양한 역할을 할 수 있으며, 이 경우 각각의 역할이 갖는 '기능'은 다른 존재자들에 의해 복수 실현될 수 있다. 애완동물로서 개는 고양이 같은 다른 살아 있는 애완동물로 대체될 수도 있고, 혹은 가상의 디지털 펫으로 대체될 수도 있다. 경비견으로서 개는 보안 업체가 제공하는 보안 서비스로 대체 가능하며, 안내견 대신 사람이 안내를 맡을 수도 있다. 하지만 기능의 이러한 복수 실현은 도구의 구체적인 사용 연관을 전제할 경우에만 등가적으로 이루어지는 것이다. 개를 비도구적 존재자로 파악할 경우 개의 '기능'에 대해 말하는 것은 무

의미하다. 짖기, 물기, 꼬리 흔들기, 재롱 부리기, 산책하기 등등 개의 전형적인 행동 패턴들을 묶어 개의 '기능'으로 규정하고 그것을 하나의 인공적 개체를 통해 기능적으로 복수 실현한다고 해서 개가 복수 실현되는 것은 아니다. 그러한 '기능'들을 추상적으로 규정하면 장난감 개조차도 개를 복수 실현하게 되는데 이는 명백하게 반직관적이다. 반면 그러한 '기능'들을 아무리 세세하게 나열하고 각각의 충분히 구체적으로 규정해 이를 기계나 혹은 인공적으로 만들어진 유기체를 통해 복수 실현한다고 해도, 그것은 개가 아니라 개의 인공적 모방물일 뿐이다.

참고문헌

노형래(2021). "진화론적 기능 개념에 따른 복수실현 논제", ≪철학적 분석≫, 제45호, pp. 1-31.

신상규(2010). "'기능'과 기능주의", ≪철학논집≫, 제21집, pp. 89-120.

한우진(2011). "복수 실현가능성과 환원", ≪철학적 분석≫, 제23호, pp. 109-137.

Brooks, R.(2021). *Artificial Intimacy*, Columbia University Press.

Churchland, P. (2013). *Matter and Consciousness, 3rd edition*, The MIT Press.

Kim, J.(2011). *Philosophy of Mind, 3rd Edition*, Westview Press.

Putnam, H.(1991). *Representation and Reality*, The MIT Press.

Shapiro, L.(2000). "Multiple Realizations", *The Journal of Philosophy*, Vol. 97, no. 12, pp. 635–654.

08
관계론적 입장과 상대주의

관계론적 입장에 따르면 도덕적 지위는 하나의 경험적 사실로서 확인될 수 있는 것이 아니라 인간과 인공지능의 관계 속에서 사회적으로 구성되는 것이다. 이러한 관계론적 입장은 도덕적 지위 개념이 갖는 실제적/규범적 차원과 현상적/실정적 차원을 올바르게 구분하지 못하고 그것을 사실적 수용의 문제로 완전히 환원하고자 한다는 점에서 상대주의라는 비판을 받고 있다.

AI와 한의학?

인공지능과 관계론적 입장

관계론적 입장은 '그것은 무엇인가(What is it?)'라는 존재론적 기준에 입각해 도덕적 지위를 판단하는 속성론적 입장과는 달리 '그것은 어떻게 대우받는가(How is it treated?)'라는 윤리학적 기준에 입각해 도덕적 지위를 판단한다. 이 입장에 따르면 도덕적 지위는 지각(seeing)의 문제가 아니라 행동(doing)의 문제이며, 하나의 경험적 사실로서 확인될 수 있는 것이 아니라 사회적으로 구성되는 것이다(Coeckelbergh, 2012; Gunkel, 2012).

이로부터 따라 나오는 한 가지 귀결은 관계론적 입장의 관점에서는 인공지능이 의식을 실제로 기능적으로 복수 실현하는지 아닌지는 그것에 도덕적 지위를 부여하는 문제와 원칙적으로 무관하다는 것이다. 이 입장에서 중요한 것은 인공지능이 실제로 의식을 갖는 존재자인지가 아니라 그것이 인간과의 관계 속에서 하나의 인격체처럼 대우받을 만한 조건들이 만족되는지이기 때문이다. 따라서 기능주의의 거부가 곧 관계론적 입장의 거부를 논리적으로 함축하지는 않는다.

SF 영화 〈블레이드 러너 2049〉(2017)에 등장하는 인공지능 홀로그램인 조이를 예로 들어 보자. 조이가 실제로는 의식을 갖지 않고 일련의 복잡한 알고리듬에 기반해 투입된 입력값에 대해 마치 인격체처럼 느껴지도록 하는 그럴듯한 출력값을 산출하는 프로그램에 불과하더라도, 조이라는 인공 반려자 서비스를 구매한 등장인물 K가 조이와 상호작용하는 과정에서 조이를 충분히 하나의 인격체처럼 느끼고 그렇게 대우할 수 있다면, 그리고 사회 전반적으로 이러한 관계가 일반화되어 있다면, 관계론적 입장의 관점에서는 조이에 도덕적 지위를 부여할 수 있는 것이다.

따라서 이 입장에 따라 인공지능에 도덕적 지위를 부여하기 위해서 인공지능이 지금보다 크게 발전할 필요는 없다. 2013년에 개봉한 SF 영화 〈그녀〉에 등장하는 범용 인공지능인 사만다처럼, 챗GPT와 같은 현존하는 대형 언어 모델에 기반해 일반적으로 인간에게 하나의 인격체처럼 느껴지는 대화형 인공지능 서비스를 만들어 낼 수 있다면 그것으로도 충분하다. 실제로 2024년에 공개된 오픈AI의 GPT-4o는 음성 의사소통 면에서 사만다의 수준에 거의 근접했다는 평가를 받기도 했다.

관계론적 입장과 상대주의

관계론적 입장을 지지하는 데이비드 건켈에 따르면 기존의 속성론적 입장, 즉 표준적인 존재론-우선 절차

(ontology-first procedure)가 '그것은 무엇인가'에서 출발해 '그것이 어떻게 대우받는가'로 나아갔다면, 대안적인 윤리학-우선 절차(ethics-first procedure)로서 관계론적 입장은 반대로 '그것이 어떻게 대우받는가'에서 출발해 '그것은 무엇인가'로 나아간다(Gunkel, 2023). 우리는 타자들, 즉 다른 인간들, 동물들, 무생물들, 인공물들에 직면해 이러한 존재자들이 정확히 무엇인지를 결정하기 이전에 이들을 어떻게 대우해야 할지를 결정해야 한다는 것이다. 어떤 존재자가 어떻게 대우받는가는 그것이 무엇인지를 결정하는 것에 대해 선행하며 그에 영향을 주게 된다는 것이 건켈의 설명이다.

도덕적 지위에 대한 속성론적 입장은 실재론(realism), 즉 어떤 존재자를 이루는 속성들이 객관적으로 실재한다고 보는 관점에 기초를 두고 있는 반면 관계론적 입장은 급진적인 형태의 구성주의(constructivism), 즉 어떤 존재자를 이루는 속성들은 사회적으로 구성된 것이라는 관점에 기초를 두고 있다. 구성주의의 난점 중 하나는 그것이 에우튀프론의 문제를 해결할 수 없다는 것이다(Street, 2008; 정태창, 2018). 에우튀프론의 문제는 고대 그리스의 철학자인 플라톤(Platon)의 대화편 『에우튀프론』에 등장하는 것이다. 이 대화편에서 소크라테스는 신관인 에우튀프론과 어떤 것이 경건하기 때문에 신들에게 사랑받는 것인가, 아니면 신들에게 사랑받기 때문에 경건한 것인가를 두고 논쟁한다. 이 논쟁의 결론은 어떤 것이 올바른 행위이기 때문에 신들에 의해 승인되는 것이지, 그 반대가 될 수는 없다는 것이다. 만약 어떤 행위가 신들에 의해 승인받았기 때문에 올바른 것이라고 한다면, 무고한 사람의 목숨을 빼앗는 행위를 비롯한 온갖 도덕적으로 잘못된 행위들도 신들의 승인을 받기만 하면 올바른 것이 된다는 반직관적인 귀결을 낳기 때문이다. 이러한 관점에서 보면 구성주의의 근본 문제는 어떤 존재자가 속성 A를 갖기 때문에 그것이 속성 A를 갖는 것으로 간주되는 것이지, 반대로 속성 A를 갖는 것으로 간주되기 때문에 속성 A를 갖는 것이 아니라는 점에 있다.

이러한 에우튀프론의 문제를 인공지능의 도덕적 지위에 대한 관계론적 입장에 적용하면, 인공지능이 도덕적 지위를 부여받을 만한 존재자이기 때문에 우리가 그것을 도덕적 지위를 갖는 존재자로 대우하게 되는 것이지, 그 반대가 될 수는 없다는 결론이 나온다. 만약 우리가 어떤 존재자든 그것을 도덕적 지위를 갖는 존재자로 대우하고자 하면 곧 그것이 실제로 도덕적 지위를 갖는 것이라고 주장한다면, 도덕적 지위는 매우 주관적이고 상대적인 것이 되어 객관적 내용을 상실할 것이다.

이것이 관계론적 입장에 대해 제기되는 비판의 핵심을 이룬다. 즉 관계론적 입장을 따를 경우 원칙적으로 모든 존재자가 도덕적 지위를 부여받을 수 있다는 점에서 그것은 도덕적 지위를 지나치게 주관화하고 상대화한다는 것이다(Mosakas, 2021; Müller, 2021; Gibert & Martin, 2022; Showler, 2024). 관계론적 입장은 도덕적 지위 개념이 갖는 실제적/규범적 차원과 현상적/실정적 차원을 올바르게 구분하지 못하고 그것을 사실적 수용의 문제로 완전히 환원하고자 한다.

근대 이전 사회에서는 사람들이 애니미즘(animism)에 따라 해와 달, 별과 같은 천체 혹은 바위 등의 자연물에 신격을 부여해 인간보다도 더 높은 도덕적 지위를 부여하고 숭배하는 관행이 확고하게 자리 잡고 있는 것이 일반적이었다. 관계론적 입장을 따를 경우 이러한 전근대적 관행에는 객관적으로 아무런 문제가 없으며, 신성한 돌은 적어도 당시에는 실제로 도덕적 지위를 가졌던 것으로 간주되어야 한다. 다만 오늘날의 사회에서는 그러한 숭배의 관행이 대부분 사라졌기 때문에 신성한 돌이 더 이상 도덕적 지위를 갖지 못하는 것일 뿐인데, 이는 명백히 반직관적인 귀결이다. 도덕적 지위를 이렇게 완전히 사실적 수용의 문제로 환원하면 이 개념은 규범적 내용을 대부분 잃어버린다.

관계론적 입장의 반론

관계론적 입장이 상대주의로 귀결된다는 비판에 대해 그 지지자들은 관계론적 입장이 무엇이든 허용하는 무차별주의는 아니라고 대응한다. 그것은 다중 주체성 및 진리의 다수성을 허용하는 좀 더 유연한 사유 방식이며, 21세기의 변화하는 사회적 상황과 환경들을 반영한 일종의 역동적인 사유 방식이지만, 그렇다고 해서 무엇이든 허용하는 식의 다원주의를 함축하지는 않는다는 것이다(Coeckelbergh, 2014; Gunkel, 2018). 관계론적 입장의 핵심을 이루는 것은 도덕적 지위가 어떤 존재자에 대한 속성 형이상학만으로 결정될 수 있는 문제가 아니라 그것과 관련된 여러 사회적 실천 및 경험적 상황과의 관련성 속에서 복합적이고 중층적인 방식으로 이루어져야 하는 상호 주관성의 문제라는 것이 이들의 설명이다.

하지만 관계론적 입장이 상대주의로 비판받는 것은 그것이 기준을 완전히 결여하고 있는 무차별주의이기 때문이 아니다. 대부분의 상대주의적 입장들은 무차별주의가 아니며 나름의 기준을 갖는다. 관계론적 입장의 경우 문제의 핵심은 그것이 제시하는 기준이 너무 느슨해서 도덕적 지위의 개념이 갖는 실제적/규범적 내용을 충실하게 담아내는 데 실패한다는 점에 있다. 따라서 이러한 문제가 해결되지 않는 한 그것이 무차별주의가 아니라는 항변은 별다른 의미를 갖지 못할 것으로 보인다.

참고문헌

배문규(2024.5.14). "영화 'Her'가 현실로… 오픈AI, 보고 듣고 말하는 AI 'GPT-4o' 공개", 경향신문, https://www.khan.co.kr/economy/economy-general/article/202405140811001

정태창(2018). "칸트의 자율성에 대한 구성주의 해석과 실재론 해석의 화해 가능성", ≪철학사상≫, 제67호, pp. 33-59.

Coeckelbergh, M.(2012). *Growing Moral Relations: Critique of Moral Status Ascription*, Palgrave.

____________(2014). "The Moral Standing of Machines", *Philosophy & Technology*, Vol. 27, pp. 61-77.

Gibert, M. & Martin, D.(2022). "In Search of the Moral Status of AI", *AI & Society*, Vol. 37, pp. 319-330.

Gunkel, D.(2012). *The Machine Question*, The MIT Press.

________(2018). *Robot Rights*, The MIT Press.

________(2023). *Person, Thing, Robot*, The MIT Press.

Mosakas, K.(2021). "On the Moral Status of Social Robots", *AI & Society*, Vol. 36, pp. 429-443.

Müller, V.(2021). "Is It Time for Robot Rights? Moral Status in

Artificial Entities", *Ethics and Information Technology*, Vol. 23, pp. 579–587.

Showler, P.(2024), "The Moral Status of Social Robots: A Pragmatic Approach", *Philosophy & Technology*, Vol. 37, 51.

Street, S.(2008) "Constructivism about Reasons", in: R. Shafer-Landau, *Oxford Studies in Metaethics*, Vol. 3, Oxford University Press, pp. 207–246.

09
인공지능과 인간중심주의

관계론적 입장을 지지하는 학자들은 감성주의가 인간중심주의의 오류를 범한다고 지적한다. 현상적 의식을 도덕적 지위의 필요조건으로 간주해 인공지능의 도덕적 지위를 부정하는 감성주의의 입장은 정신 실체의 개념에 기초해 동물의 도덕적 지위를 부정했던 데카르트의 오류를 반복하고 있다는 것이다. 하지만 이러한 비판은 인공지능의 도덕적 지위를 처음부터 전제해야만 성립할 수 있을 것으로 보인다.

AI와 화장품?

인공지능의 타자성과 인간중심주의

인공지능의 도덕적 지위에 대한 논쟁은 인공지능의 타자성(otherness)을 어떻게 이해해야 하는가의 물음과 긴밀하게 연관되어 있다. 인간중심주의(anthropocentrism)는 이와 관련된 중요 쟁점 중 하나다. 인공지능을 인간중심주의 관점에서 이해하면 그것의 타자성을 올바로 파악하지 못하게 될 것으로 생각된다. 따라서 인공지능의 도덕적 지위에 대한 여러 입장들과 관련해 인간중심주의의 문제를 어떻게 이해해야 하는지를 살펴보고, 인공지능의 타자성을 올바로 파악하기 위해서 피해야 할 인간중심주의가 어떠한 것인지를 분명하게 할 필요가 있어 보인다.

속성론적 입장의 인간중심주의적 오류

관계론적 입장을 지지하는 학자들은 속성론적 입장이 인간중심주의의 오류를 범하고 있다는 비판을 제기한다. 이들이 문제 삼는 것은 실천적, 윤리적 관점으로서의 인간중심주의, 즉 윤리적 판단의 준거를 인간에게 두고 이해관심(interest)을 고려해야 하는 도덕 공동체의 범위를 인간에 국한하거나 인간중심적인 기준에 따라 결정하는 관점이다(신상규, 2017b). 감성주의(sentientism)는 현상적 의식을 어떤 존재자가 도덕적 지위를 갖기 위한 필요조건으로 간주하는 입장으로서, 만약 감성주의가 이러한 인간중심주의의 오류를 범하고 있다면 그것은 일종의 종차별주의에 불과한 것이 된다. 일각에서는 현상적 의식을 도덕적 지위의 필요조건으로 삼는 것은 인공종을 배제하고 자연종을 우대하는 종족주의적 편견으로 귀결될 수 있다는 비판이 제기되기도 한다(신상규, 2019). 인과적, 기능적, 인지적 관점에서 설명 가능한 의식의 측면인 접근 의식은 인공지능에 의해 기능주의(functionalism)의 방식으로 복수 실현될 수 있는 반면 그러한 기능적 설명이 불가능한 현상적 의식을 갖는 존재자는 현재로서는 인간과 동물을 비롯한 자연종 외에는 없다. 따라서 의식에 대한 기능주의적 관점을 거부하면 인공지능이 의식을 갖게 될 유일한 방법을 봉쇄함으로써 일종의 선결문제 요구의 오류를 범하게 된다는 것이다.

관계론적 입장을 지지하는 학자들에 따르면 인공지능에 대한 인간중심주의적 이해는 인간과 여타 존재자들을 범주적으로 구분하고 전자에 특권적 지위를 부여하는 근대 이후의 휴머니즘 세계관에 뿌리를 두고 있다. 이들은 프랑스의 근대 철학자 르네 데카르트(René Descartes)

를 이러한 인간중심주의적 세계관의 기초를 놓은 대표적인 철학자로 지목한다(Gunkel, 2012; Coeckelbergh, 2012; 신상규, 2017a). 데카르트에 따르면 세계를 구성하는 근본적인 실체에는 정신 실체('정신')와 연장 실체('물체')의 두 가지가 있다. 인간은 이러한 두 가지 실체, 즉 정신 실체로서의 '코기토(cogito)'와 연장 실체로서의 육체가 결합되어 있는 존재자이지만 동물을 비롯한 여타의 존재자들은 정신 실체를 결여하고 연장 실체로만 이루어진 존재자들이다. 데카르트의 이러한 실체 이원론은 세계 안에서 인간이 차지하는 특권적 지위를 정당화하는 논리로 작용하며, 동물의 도덕적 지위를 부정하는 동물기계론으로 귀결된다. 하지만 오늘날의 관점에서 보면 데카르트의 동물기계론에 입각해 이루어진 동물에 대한 온갖 잔혹한 실험들은 윤리적으로 비난받아 마땅하다.

그런데 인공지능에 대한 오늘날의 인간중심주의적 이해 또한 데카르트와 동일한 오류를 범하고 있다는 것이 관계론적 입장의 관점이다. 데카르트가 '정신'을 기준으로 인간과 동물 사이에 근본적인 경계를 설정하려고 했던 것과 마찬가지로 '정신'을 기준으로 인간, 동물과 기계 사이에 근본적인 경계를 설정하는 것은 동일한 인간중심주의적 오류일 수 있다는 것이다. 이러한 관계론적 입장의 관점에서 보면 현상적 의식을 도덕적 지위의 필요조건으로 간주해 인공지능의 도덕적 지위를 부정하는 감성주의의 입장은 정신 실체의 개념에 기초해 동물의 도덕적 지위를 부정했던 데카르트의 오류를 반복하는 것이라고 할 수 있다.

관계론적 입장의 비판에 대한 반박

하지만 감성주의에 대한 관계론적 입장의 이러한 비판은 받아들이기 어려운 것으로 생각된다. 그 이유는 다음의 세 가지로 요약할 수 있다.

첫째, 인공지능에 대한 종차별주의가 성립하기 위해서는 먼저 인공지능의 자기 이익, 이해관심이 성립해야 한다. 공리주의자인 피터 싱어의 이익 평등 고려의 원칙에 따르면 우리는 도덕적 숙고에서 우리의 행위에 영향을 받는 모든 존재자의 이익에 동등한 비중을 두어야 한다(Singer, 2011). 싱어에 따르면 종차별주의는 우리가 이 원칙을 따르지 않을 때, 즉 우리 인간 종(species)의 이익에 특별한 비중을 두고 동물을 비롯한 다른 종들의 이익을 동등하게 고려하지 않을 때 성립하는 것이다. 그런데 현상적 의식을 갖지 않는 인공지능은 자기 이익, 이해관심 또한 갖지 않으며, 현재로서는 인공지능이 어떠한 방식으로 이해관심을 갖는 것이 가능할지에 대한 기본적인 개념조차 정립되어 있지 않은 상황이다(정태창, 2020). 따라서 인공지능에 싱어의 이익 평등 고려의 원칙을 적용하는 것은 가능하지 않으며, 그것의 이익이 평등하게 고려되지 않았다는 이유로 종차별주의를 말하는 것 또한 불가능하다.

둘째, 인공지능에 대한 종차별주의가 성립하기 위해서는 인공지능이 도덕적 지위를 갖는다는 점이 먼저 확립되어 있어야 한다. 차별이라는 것은 동등한 것들을 동등하지 않은 방식으로 대우할 경우에 성립하므로, 먼저 관련 존재자들 간에 어떤 측면에서 동등성이 존재하는지가 제시되어야 한다. 예를 들어 동물 해방을 주장하는 싱어의 경우에는 인간과 동물이 쾌락과 고통을 느끼는 능력이라는 측면에서 동등하다는 점을 보인 뒤, 이에 기초해 동물의 고통을 동등하게 고려하지 않으면 종차별주의를 범하게 된다고 주장한다. 그렇다면 인간과 인공지능의 어떤 측면에서의 동등성을 후자에 대한 종차별주의의 근거로 제시할 수 있을까? 관계론적 입장은 '그것은 무엇인가'의 물음과 관련된 존재론적 논의를 배제하기 때문에 인간과 인공지능이 어떤 내재적 속성을 공유

한다는 점에서 동등하다고 주장할 수는 없다. 관계론적 입장이 제시할 수 있는 동등성은 인간과 인공지능에 대한 대우의 동등성뿐인데, 이러한 동등성은 종차별주의와 개념상 양립 불가능하다. 사실 관계론적 입장을 지지하는 학자들은 인간과 인공지능의 어떤 동등성에 기반해 주장을 제시하기보다는 인공지능이 도덕적 지위를 갖는 존재자임을 처음부터 전제하고 있는 것으로 보인다. 인공지능에 대한 종차별주의는 그것이 도덕적 지위를 갖는 존재자임에도 불구하고 인간중심주의의 관점에서 그것을 부정할 경우에 성립한다. 하지만 인공지능의 도덕적 지위는 논증을 통해 입증되어야 하는 것이지, 처음부터 전제될 수 있는 것이 아니다.

셋째, 감성주의가 데카르트의 인간중심주의적 세계관의 오류를 반복하고 있다는 비판 또한 입증되어야 할 것을 처음부터 전제하는 오류를 범하고 있다. 왜냐하면 인공지능에 도덕적 지위를 부여하지 않는 입장이 이러한 오류를 범하고 있는지, 즉 인간/동물과 기계의 범주적 구분이 데카르트에 의한 인간과 동물의 범주적 구분과 동일한 성격을 갖는지가 바로 핵심 쟁점이기 때문이다. 근대 이후의 세계관이 인간중심주의에 물들어 있어 동물의 도덕적 지위를 부정했다는 사실이 곧 오늘날의 인간/동물과 기계의 구분 또한 동일한 오류를 범하고 있다는 것에 대한 직접적인 근거가 되지는 않는다. 인간/동물을 범주적으로 구분한 데카르트의 인간중심주의도 잘못된 것이지만 인간이나 동물과 같은 감성적 존재자(sentient being)와 기계 같은 비감성적 존재자(non-sentient being)를 동등한 것으로 분류하는 관점 또한 마찬가지로 잘못된 것일 수 있으며, 전자의 거짓됨이 후자의 참됨을 입증하는 것은 아니다.

이러한 논거들이 타당하다면 인공지능에 대한 감성주의의 관점이 인간중심주의의 오류를 범하고 있다고 볼 만한 충분한 근거는 아직 제시되지 않은 것으로 보인다. 현상적 의식을 결여하는 인공지능이 도덕적 지위를 갖는다는 점을 입증하는 좀 더 설득력 있는 논변이 제시되지 않는 한, 감성주의에 기초해 인간/동물과 기계를 범주적으로 구분하는 것이 특별히 문제가 있다고 볼 만한 이유는 없다.

참고문헌

신상규(2017a). "인공지능은 자율적 도덕행위자일 수 있는가?", ≪철학≫, 제132권, pp. 265-292.

______(2017b). "인공지능, 새로운 타자의 출현인가?", ≪철학과 현실≫, 제112권, pp. 155-178.

______(2019). "인공지능의 도덕적 지위와 관계론적 접근", ≪철학연구≫, 제149집, pp. 243-273.

정태창(2020). "자아 없는 자율성: 인공지능의 도덕적 지위에 대한 고찰", ≪사회와 철학≫, 제40집, pp. 147-180.

Coeckelbergh, M.(2012). *Growing Moral Relations: Critique of Moral Status Ascription*, Palgrave.

Gunkel, D.(2012). *The Machine Question*, The MIT Press.

Singer, P.(2002). *Animal Liberation*, Harper Collins Publishers.

________(2011). *Practical Ethics, 3rd Edition*, Cambridge University Press.

10
인공지능의 의인화 경향

인공지능을 가능한 한 의인화하는 방식으로 이해하는 인간중심주의가 인공지능에 대한 우리의 이해 방식을 가장 심층적인 차원에서 규정하고 있다. 그러나 인공지능은 그것의 태동기부터 오늘날의 대형 언어 모델에 이르기까지 일종의 도구로서 인간과는 분명하게 구별되는 방식으로 발전해 왔다. 의인화된 상상의 인공지능보다는 구체적인 아키텍처에 기반해 있는 현실의 인공지능에 초점을 맞추는 것이 인공지능의 타자성을 이해하는 보다 올바른 방식으로 생각된다.

종교와 AI?

인간의 형상에 따라 이해되는 인공지능

인공지능에 대한 인간중심주의적 이해에는 두 가지 유형이 있는 것으로 보인다. 하나는 인공지능보다 인간을 우선시하는 관점, 즉 윤리적 판단의 준거를 인간에게 두고 이해관심을 고려해야 하는 도덕 공동체의 범위를 인간에 국한하거나 인간중심적인 기준에 따라 결정하는 관점이다. 관계론적 입장을 지지하는 학자들은 속성론적 입장이 이러한 유형의 인간중심주의를 범하고 있다고 비판한다. 다른 하나는 인공지능을 그것의 '창조자'인 인간의 '형상대로' 이해하는 인간중심주의, 인공지능이 궁극적으로는 인간처럼 되어야 하며 인간처럼 될 것이라고 생각하는 인간중심주의, 인공지능을 가능한 한 의인화(anthropomophize)하는 인간중심주의다(Scheutz, 2012; 김형주, 2019; Nyholm, 2020; Coghlan, 2024). 관계론적 입장을 지지하는 학자들은 이러한 방식으로 인공지능을 의인화하는 경향을 갖는 것으로 생각될 수 있다.

인공지능을 의인화하는 경향은 인공지능의 태동기부터 오늘날에 이르기까지 인공지능에 대한 우리의 이해방식을 가장 심층적인 차원에서 규정해 온 것으로 보인다. 이를 잘 보여 주는 것이 영국의 수학자이자 컴퓨터공학자인 앨런 튜링(Alan Turing)이 1950년에 '기계는 생각할 수 있는가?(Can machines think?)'라는 물음에 답변하기 위해 고안한 튜링 테스트(Turing test)다. 튜링 테스트는 두 명의 인간과 테스트받는 컴퓨터 한 대로 구성되며, 두 사람 중 한 명에 해당하는 질문자가 나머지 한 명과 컴퓨터로부터 완전히 격리되어 대화만을 주고받을 수 있는 상태에서 대화만을 기초로 어느 쪽이 기계인지를 지목한다. 2인을 계속 다른 사람으로 교체하면서 테스트를 반복한 결과 만약 컴퓨터의 정체를 밝혀낸 횟수가 랜덤 확률인 50%보다 유의미하게 높지 않다면 그 컴퓨터가 생각할 능력을 갖는다고 할 수 있다는 것이 튜링의 생각이다. 이러한 튜링 테스트가 암암리에 전제하고 있는 것은 인간이 인공지능의 발달 정도를 평가하기 위한 주요 기준이자 그러한 발달이 나아가야 할 방향을 제시하는 가장 중요한 지향점을 이룬다는 생각이다.

범용 인공지능(AGI)에 대한 논의는 이를 잘 보여 준다. 비록 현재까지는 인공지능이 낮은 발달 단계에 머물러 있어 협소 인공지능(ANI)만 구현 가능하지만, 앞으로 인공지능이 발달하면 결국 인간과 동등한 수준의 범용 지능에 도달하게 될 것이라는 생각이 일반적으로 수용되고 있다. 더 나아가 인공지능의 발달이 인간의 수준을 넘어서면 인공 초지능(artificial superintelligence)의 단계에 들어서게 된다고 하는데, 이러한 인공 초지능은 유토피아를 실현할 신이나 혹은 인류의 멸종을 가져올 악마와 같은 존재로 그려진다는 점에서 일관되게 의인화하는 방식으로 이해된다.

인공지능 의인화의 문제점

인공지능이 인간과 유사한 형태로 발전하게 될 것이라는 일종의 선입견을 배제하고 현존하는 인공지능을 그것이 존재하는 방식에 따라 그대로 관찰하면 그것을 의인화하는 방식으로 이해해야 하는 이유를 찾기 어려워 보인다. 인공지능은 그것의 태동기부터 오늘날의 대형 언어 모델에 이르기까지 일관되게 인간과는 본질적으로 다른 존재자였으며, 일종의 도구로서 인간과는 분명하게 구별되는 방식으로 발전해 왔다. 인공지능에 대한 문헌들을 조사한 한 연구에 따르면 인공지능의 실제 작동 방식을 가장 잘 파악하고 있는 연구자들, 즉 인공지능과 로봇 공학과 관련된 기술적인 연구에 종사하는 사람들은 평균적으로 다른 분과의 연구자들보다 인공지능에 도덕적 지위를 부여하는 것을 부정적으로 바라보는 경향을 갖는다(Harris & Anthis, 2021). 이는 바꿔 말하면 인공지능의 구체적인 아키텍처나 작동 방식을 도외시하고 그것을 하나의 추상적인 개념으로 다루면 다룰수록 인공지능을 의인화하는 경향이 강화된다는 의미다.

이러한 인공지능 의인화 경향이 생겨난 원인은 어디에 있을까? 이에 대한 확정적인 답변을 제시하는 것은 쉽지 않지만, 하나의 유력한 답변을 사이언스 픽션(SF)의 역사로부터 얻을 수 있을 것으로 보인다. '인간처럼 사고하고 행동하지만 인간과는 다른, 그렇기 때문에 고뇌하는 인공적 존재자, 그리고 그러한 인공적 존재자를 편견을 가지고 차별하며 배척하는 인간들'이라는 아이디어는 영국의 소설가 메리 셸리(Mary Shelley)가 소설 『프랑켄슈타인』(1818)에서 표준적인 형태로 제시한 이래로 200년이 넘는 세월 동안 사이언스 픽션의 영역에서 끊임없이 변주되어 왔다. 2017년에 개봉된 영화 〈블레이드 러너 2049〉에서 주인공인 안드로이드 K, 그리고 주인공의 인공 반려자인 홀로그램 조이에 의해 표현되는 주제 의식 또한 그 핵심은 셸리가 제시한 표준적인 아이디어로부터 크게 벗어나지 않는다.

그렇다면 이러한 문학적 상상력의 산물이 우리가 인공지능을 이해하는 기본적인 틀을 이루어야 할까? 현실에는 존재한 적 없는, 인간처럼 사고하고 행동하는 인공지능의 관념은 사실 문학의 서사 구성의 논리에 의해 만들어진 것이 아닐까? 서사 구성의 논리에 따르면 인간처럼 사고하고 행동하지 않는 존재자는 등장인물이 될 수 없기 때문에, 인공적 존재자 또한 서사 안에서 등장인물의 역할을 하려면 인물의 속성들을 갖는 존재자로 상정될 수밖에 없다. 사실 사이언스 픽션의 서사 안에서 등장하는 인간형 로봇들은 〈블레이드 러너 2049〉의 주인공인 안드로이드 K가 그러하듯이 많은 경우 인간형 로봇이라는 설정이 붙어 있을 뿐인 일종의 인간이나 다름없다. 하지만 서사의 영역을 떠나 현실의 영역으로 돌아오면 현실 속에 존재하는 실제의 인공지능은 그러한 인물의 속성을 전혀 갖지 않는 도구의 일종일 뿐이다. 그리고 앞으로 등장할 미래의 인공지능이 진정으로 인물의 속성을 구현할 것이라고 믿을 만한 이유도 현재로서는 특별히 없어 보인다.

인공지능의 타자성에 대한 올바른 이해

인공지능을 인간의 '형상대로' 이해하려는 의인화 경향의 원인이 어디 있든 간에, 그것은 결과적으로 인공지능의 타자성을 올바르게 파악하는 것을 방해하는 원인으로 작용한다. 이를 잘 보여 주는 것이 인공지능의 역사에서 주기적으로 반복되어 온 인공지능에 대한 과장

(hyperbole)과 과도한 낙관주의(AI inflationism)다. 인공지능에 대한 과장된 이해는 인공 초지능에 대한 논의에서 가장 극단적인 형태로 나타난다. 레이 커즈와일(Ray Kurzweil)의 인공지능 복음론(AI evangelism)과 닉 보스트롬(Nick Bostrom)의 인공지능 종말론(AI apocalypticism)이 양쪽 극단에서 이러한 논의를 대표한다고 할 수 있다(Kurzweil, 2007; Bostrom, 2014). 전자는 인공지능을 인류의 모든 문제들을 해결해 줄 어떤 신적인 존재로 묘사하는 반면, 후자는 인공지능을 궁극적으로 인류를 멸종시킬 아포칼립스적 대재앙의 원인으로 묘사한다. 인공 초지능을 '신' 또는 '악마'로 이해하는 이들의 관점은 그것을 현존하는 인공지능과 무관하게 상상력에 의존해 의인화한다는 공통점을 갖는다.

조슬린 맥클루어(Jocelyn Maclure)는 인공지능에 대한 최근의 과도한 낙관주의를 경계한다. 그에 따르면 그림 속에서 고양이를 구별해 내거나 문장을 번역하는 등 컴퓨터 알고리듬으로서의 현존하는 인공지능과, 인류의 구원을 이끌거나 인류의 생존을 위협하는 압도적인 행위자로서의 인공 초지능이라는 상상된 인공지능 사이에는 일종의 데우스 엑스 마키나(deus ex machina)가 개입해 있다(Maclure, 2020). 이러한 논리적 비약은 인간중심주의에 기초해 의인화된 상상의 인공지능과 본질적으로 도구적 존재자인 실제의 인공지능 사이의 간격을 채우기 위해 요청되는 것이라고 할 수 있다.

인공지능을 인간의 '형상대로' 이해하려는 인간중심주의가 현실에 맞지 않는다면, 그것을 폐기해야만 인공지능의 타자성을 올바로 파악할 수 있는 길이 열릴 것이다. 의인화된 상상의 인공지능보다는 구체적인 아키텍처에 기반해 있는 현실의 인공지능에 초점을 맞추면서 그것이 인간에 대해 갖는 차이점과 비교 우위에 주목하는 것이 인공지능의 타자성을 이해하는 더욱 올바른 방식이 될 수 있다. 인간과 인공지능이 서로 본질적으로 다른 존재자라면, 어떤 막연한 선입견에 따라 양자를 억지로 동화시키려고 하는 것보다는 두 존재자들의 차이점을 있는 그대로 파악하는 것이 더 합당한 이해 방식으로 생각된다.

참고문헌

김형주(2019). "인공지능인문학: If의 미래학에서 As-If의 철학으로", ≪철학연구≫, 제151집, pp. 109-134.

Bostrom, N.(2014). *Superintelligence*, Oxford University Press.

Coghlan, S.(2024). "Anthropomorphizing Machines: Reality or Popular Myth?", *Minds and Machines*, Vol. 34, 25.

Harris, J. & Anthis, J.(2021). "The Moral Consideration of Artificial Entities: A Literature Review", *Science and Engineering Ethics*, Vol. 27, No. 4, pp. 1-95.

Kurzweil, R.(2007). *The Singularity Is Near*, Penguin.

Maclure, J.(2020). "The New AI Spring: a Deflationary View", *AI & Society*, Vol. 35, pp. 747-750.

Nyholm, S.(2020). *Humans and Robots*, Rowman & Littlefield.

Scheutz, M.(2012). "The Inherent Dangers of Unidirectional Emotional Bonds between Humans and Social Bots", in: P. Lin et al.(eds.), *Robot Ethics*, The MIT Press, pp. 205-222.

정태창

공주대학교 교양학부 부교수다. 서울대학교에서 “민주주의의 규범적 기초로서의 자율성에 대한 연구: 하버마스와 롤스를 중심으로”로 철학 박사학위를 받았다. 성신여자대학교, 건국대학교, 서울시립대학교, 서울대학교에서 강의했으며 서울시립대학교에서 박사 후 연구원(2018~2020)을 지냈다. 사회철학, 정치철학, 윤리학이 주된 연구 분야다. 저역서로 『가정폭력과 포퓰리즘』(공역, 2023)이 있으며, “자아 없는 자율성: 인공지능의 도덕적 지위에 대한 고찰”(2020), “좋은 삶의 형식적 개념에 기초한 물화의 재정식화”(2022), “친밀성의 물화”(2023), “인공지능의 도덕적 지위와 현상적 의식”(2024) 등 16편의 논문을 등재학술지에 게재했다.